schwafi

Nichts als die Wahrheit über Regensburg

schwafi

Nichts als die WAHRHEIT über REGENSBURG

Bibliografische Information der Deutschen Nationalbibliothek

Die Deutsche Nationalbibliothek verzeichnet diese Publikation in der Deutschen Nationalbibliografie; detaillierte bibliografische Daten sind im Internet über http://dnb.dnb.de abrufbar.
ISBN 978-3-86646-382-0

1. Auflage 2020
ISBN 978-3-86646-382-0

www.battenberg-gietl.de
Titelfoto: Hubert Lankes

INHALT

DIE SCHÖNSTE STADT DER WELT

Wirf München und Hamburg weg, vergiss Barcelona und New York! Vom Rest ganz zu schweigen. Nur 150.000 Menschen genießen das Privileg, in Regensburg leben zu dürfen. Das heißt umgekehrt, dass es auf der Erde etwa 8 Milliarden bedauernswerte Kreaturen gibt, die dem Himmel auf Erden nie so nah sein werden wie wir, die Auserwählten.

Mit 0,15 Millionen schafft es Regensburg nicht einmal unter die Top 50 Deutschlands, was die Einwohnerzahlen angeht. Aber wie bemerkte schon Richard Nikolaus Coudenhove-Kalergi (1894–1972) so treffend: „Das sicherste Zeichen der Barbarei und Primitivität ist der Kult der Zahl und der Quantität."

Welche andere Stadt kann auf eine so lange und bewegte Geschichte zurückblicken? Welche Stadt besitzt einen der besterhaltenen historischen Ortskerne? Wo sonst gibt es so liebenswerte und freundliche Menschen wie hier? Der Einheimische ist weltoffen und gesellig, auch wenn sich dieser Eindruck nicht auf den ersten Blick bzw. bei der ersten Begegnung offenbart. Der Ehrentitel „Einheimischer" steht ausschließlich Menschen zu, die in Regensburg geboren wurden. Alles andere sind Zugezogene, auch wenn sie, wie ich, seit 40 Jahren hier leben und verzweifelt versuchen, sich als echter Regensburger zu gebärden und als solcher akzeptiert, nein, respektiert zu werden. Andere Zugezogene kann man leicht hinters Licht führen, indem man zum Beispiel statt einem „er kommt" lässig ein „er kummt" in die Kommunikation einfließen lässt und sich durch weitere mühsam angelernte Dialekt-Besonderheiten einerseits pauschal vom Preißntum distanziert, aber sich zugleich bewusst vom ländlichen oberpfälzischen und niederbayerischen Prekariat abhebt. Man kann ihnen mühelos vorgaukeln, dass man selbst schon seit Generationen in der Stadt wohne, vielleicht sogar ein direkter Nachfahre der schönen Kaisersgeliebten Barbara Blomberg sei oder ein Ururur-enkel Johannes Keplers. Die leichtgläubigen Neuregensburger aus den verschatteten, grenznahen Tälern des Bayerischen Waldes, die strafversetzten Professoren aus Berlin, Köln und Freiburg, die von Regensburgs wirtschaftlichen Global Players um die Jahrtausendwende angelockten indischen, bangladeschischen und mecklenburg-vorpommerischen Computerfachkräfte: Sie alle würden nicht den geringsten Zweifel an deiner Regensburger Authentizität und Identität hegen. Der Ureinwohner dagegen erkennt sogar in seiner seltenen Erscheinungsform als Blinder mit Krückstock, dass du keiner der Seinen bist. Er könnte dir mit einem abfälligen Blick den Grad seiner Wertschätzung signalisieren, er könnte dich als drittklassigen Hochstapler entlarven, dich vor den anderen Zugezogenen bloßstellen und der Lächerlichkeit preisgeben. Aber er tut es nicht. Weil es ihn nicht interessiert. Weil du ihn nicht interessierst. Weil es ihm zu viel ist. Ihm ist sehr viel zu viel. Wundere dich deshalb nicht, wenn du in Regensburg nicht gegrüßt wirst. Eine mehrjährige wissenschaftliche Beobachtungsstudie zu diesem Verhalten lieferte eindeutige Resultate:

a) 100 % der Menschen, die in Regensburg als Erstes von sich aus grüßen, sind Tagestouristen aus dem nicht-asiatischen Raum.
b) Leute, die freundlich zurückgrüßen, sind Zugezogene, die seit 20 Jahren oder weniger in Regensburg leben.
c) Wer zwar nicht zurückgrüßt, aber zuckt, weil ihm seine frühere (außer-regensburgerische) Kinderstube und sein Anstand signalisieren, dass er zurückgrüßen müsste, der Drang, einen echten Regensburger zu simulieren aber die Oberhand in seinem gespaltenen Seelenleben behält, lebt im Durchschnitt seit 40 Jahren hier.
d) Der gebürtige Regensburger reagiert weder verbal noch körperlich oder mimisch auf andere Personen.

Man könnte meinen, die Ergebnisse dieser Untersuchung stünden im krassen Gegensatz zu der eingangs erwähnten Liebenswürdigkeit und Freundlichkeit der Ureinwohner. Dem ist nicht so. Es ist lediglich eine andere Art, dem Gegenüber Sympathie zu bekunden. Um das zu verstehen, werfen wir einen Blick zurück auf die vielen kriegerischen Auseinandersetzungen, welche die Regensburger Bevölkerung in der Vergangenheit durchlebte. Oder nehmen wir besser nur eine davon exemplarisch heraus: die „Schlacht bei Regensburg“, welche am 23. April 1809 mit der Erstürmung Regensburgs ein blutiges Ende fand. Ausgangspunkt der fünftägigen Kampfhandlungen war nämlich nicht ein geplanter Feldzug oder eine bewusst herbeigeführte Schlacht, sondern vielmehr eine unvermutete Begegnung zweier in verschiedene Richtungen marschierender Heere (Österreicher und Franzosen). Über 2000 Tote (Soldaten und Bürger), eine Feuersbrunst, die Wohnhäuser, Kirchen und die Steinerne Brücke erfasste, marodierende Soldaten und Plünderungen waren die Folge. Unerfreuliche Vorkommnisse wie diese, die aus der zufälligen Begegnung zweier Parteien unter freiem Himmel resultierten, erklären das Verhalten des Regensburgers beim Aufeinandertreffen mit Auswärtigen. Das Gegenüber kann froh sein, dass ihm nicht eine Lanze oder ein Bajonett in den Brustkorb gerammt wird, so wie es spätestens seit den napoleonischen Feldzügen im Erbgut des Regensburgers als Handlungsanweisung verankert ist. Was ist freundlicher: Nicht gegrüßt oder nicht getötet zu werden? Der Akt des Nichtgrüßens kann von daher als Liebeserklärung und Wertschätzung gegenüber allen Menschen, die ihm auf der Straße begegnen, gewertet werden. Mehr noch: Die Kommunikationsgewohnheiten und -regeln des Regensburgers scheinen inzwischen einen weiteren Schritt in die richtige Richtung vollzogen zu haben. Verlässliche Quellen berichten von einer Begebenheit, die sich im Mai letzten Jahres in der Rote-Hahnen-Gasse abgespielt haben soll. Ein aus Duisburg stammendes Pärchen mittleren Alters wandte sich an einen etwa 50-jährigen Regensburger, der ihnen vom Haidplatz her entgegenschlenderte. Die Dame hielt ihm den kosten-, nutz- und wertlosen Einkaufs- und Gourmet-Tempel-Stadtplan des Regensburger Marketingvereins vors Gesicht, während der Herr ihn höflich und wortreich ansprach: „Entschuldigen

Sie, junger Mann, wir sind auf der Suche nach dem schönen Schloss Emmeram, in dem ja Ihre verrückte Baronin Gloria noch immer ihr Unwesen treiben soll. Haha. Wissen Sie vielleicht, wie wir dort hinfinden?" Der Befragte soll daraufhin genickt und mit einem „Mhm" eine wahrheitsgemäße Auskunft erteilt haben, bevor er seinen Weg in Richtung Hinter der Grieb fortsetzte.

Auch innerhalb der eigenen vier Wände bzw. mit Freunden oder in einer Beziehung wird von echten Regensburgern wenig bis nicht gesprochen. Beispielhaft dafür mag folgende Anekdote stehen, deren Erzähler mir versicherte, dass er selbst sie im Rahmen einer Hochzeitsfeier erlebt habe. Nach blumiger Ausschmückung – der Erzähler war kein Regensburger – brachte er die Geschichte endlich zu Ende, nicht ohne auch noch die Pointe zu verhauen. Ich sagte ihm, dass ich dieselbe Geschichte schon mindestens dreimal in unterschiedlichen Varianten gehört hätte. Einmal spielte sie in Südtirol, einmal auf Island und einmal in Raigering weit hinter Cham in der Oberpfalz. Er aber schwor, dass er selbst dabei gewesen sei und es natürlich sein könne, dass an anderen Orten unserer großen weiten Welt sich in den letzten Jahren Ähnliches abgespielt hat oder dass andere sich mit fremden Federn schmücken wollten und sich nicht schämten dieses, sein ureigenstes persönliches Erlebnis, als ihres auszugeben.

Wenn jemand aus freien Stücken einen Eid leistet oder sein Ehrenwort gibt, sinkt die Wahrscheinlichkeit, dass die Aussage wahr ist, weit unter Null. Das wissen wir spätestens seit der Barschel-Affäre in den 80ern und seit Bundesinnenminister Zimmermann, der sich den Beinamen „Old Schwurehand" hart erarbeitet bzw. erlogen hatte, und seit dem „Meineidbauer", einem Volksstück mit Gesang in drei Akten von Ludwig Anzengruber. Andererseits muss man jemandem so lange glauben, bis er der eidlichen Falschaussage überführt wurde. In unserem Fall ist das noch nicht geschehen.

Nachfolgend werde ich die Begebenheit so erzählen, wie sie mir zugetragen wurde. Nur werde ich alles Beiläufige und Unwichtige weglassen, um nicht den Rahmen dieses Büchleins zu sprengen

beziehungsweise dessen Seitenanzahl explodieren zu lassen. Auch behaupte ich weder selbst anwesend gewesen zu sein noch dass ich demjenigen, der das von sich behauptet, diesbezüglich Glauben schenkte. Auf die Pointe werde ich gradlinig zuarbeiten und nicht beiläufig den studentischen Werdegang seiner Tochter, auf die der Original-Erzähler sehr stolz zu sein scheint, einfließen lassen. Apropos Pointe. Wem die Anekdote bekannt vorkommt, und das werden nicht wenige sein, der kann gleich mit dem nächsten Kapitel anfangen. Alle anderen eigentlich auch. Jeder kann mit seinem Leben machen, was er will. Aber: Auch falls sie nicht wahr sein oder sich anders und nicht hier abgespielt haben sollte, sagt die Geschichte sehr viel über den Regensburger aus, weil sie, ich schwöre, sich genau so und nicht anders wirklich ereignet haben könnte. Um das Ganze lebendiger zu machen, wähle ich die Ich-Form: Ich sitze also bei der Hochzeit unseres Firmenchefs als Single zwischen zwei befreundeten Paaren. Die beiden rechts von mir, Jette und Jens, stammen aus Düsseldorf und arbeiten beide in der Vertriebsabteilung. Zwei Tische weiter setzt sich ein sonnengegerbter Typ mit langen lockigen Haaren gerade wieder hin, nachdem er einen Toast auf das Brautpaar ausgesprochen hat.
Jette: „Du, Jens, wer issn der Typ?“
Jens: „Was? Den kennst du nicht? Das ist Frank Modetti. Der arbeitete früher bei Zarca-Instruments. Wahnsinnig viel Kohle gemacht. Siebentagewoche, Achtzehnstundentag. Dann Burn-out vom Feinsten. Halbes Jahr Klinik. Anschließend 180-Grad-Turn: Tauchlehrer auf den Malediven. Zwei Jahre lang. Hat bei einem Tauchgang die Nichte der Braut kennengelernt. Die süße Kleine da drüben mit dem fliederfarbenen Kleid und der Goldkette mit dem Muschelanhänger. Siehst du sie?“
„Die da?“
„Nein, die am Tisch daneben.“
„Ach, die.“

„Jedenfalls Batschbumm. Große Liebe und Braten in der Röhre. Zwillinge. Die müssen jetzt auch schon vier oder fünf sein. Ich glaube, zwei Mädchen. Oder zwei Jungen. Weiß nicht mehr genau. Schluss mit der Taucherei. Jetzt wieder voll im Geschäft. Top-Manager bei Berling-Dorklede. Mindestens Zweihunderttausend im Jahr. Soll aber wieder krank sein, hört man. Irgendwas mit dem Herzen oder den Nieren. Kommt gerade vom Urlaub. Sieht man ja. Netter Kerl eigentlich. Ein bisschen verpeilt vielleicht, aber sonst – ah, da kommt ja schon der Nachtisch."

Links von mir sitzt Karl Schimmchen, unser Neue-Medien-Profi, ein gebürtiger Regensburger in fünfter Generation, der vor 12 Jahren gegen den erbitterten Widerstand seiner Familie eine Auswärtige, die Sinzingerin Franziska Haimerl, jetzt auch Schimmchen, geheiratet hat. Auch ihr ist der attraktive Frank Modetti ins Auge gefallen, also fragt sie ihren Karl: „Wer issn der Typ?"
Karl: „Den kennst du ned."

VOM HOFBRÄUHAUS ZUR FOLTERKAMMER, SPAZIERGANG 1

Wie und wo könnten wir einen Regensburg-Spaziergang zünftiger beginnen als in einem altehrwürdigen Wirtshaus. Gegenüber dem Alten Rathaus, nur wenige Meter von der Tourist-Info entfernt, steht das Hofbräuhaus. Über dessen Eingang prangt ein liegender Hirsch aus Stein. Bedeutung und Ursprung sind nicht zweifelsfrei geklärt. Mit hoher Wahrscheinlichkeit erinnert er an den Verlauf einer von Johannes von Thurn und Taxis veranstalteten Jagd im Jahre 1987. Der bayerische Ministerpräsident Franz Josef Strauß, ein hervorragender Schütze, der auch im normalen Leben immer eine scharfe Waffe bei sich trug, nahm daran teil. Ein kapitaler Hirsch lief ihm vor die Flinte. Ladehemmung. Der Hirsch ging mit glühend roten Augen und gesenktem Geweih auf den Jäger los, verfolgte ihn bis in die Stadt. Erschöpft konnte sich Strauß in letzter Sekunde ins Hofbräuhaus flüchten. Die schicksalhafte Begegnung veränderte sein Leben. Von nun an wollte er sich für Tier-, Natur-, Umweltschutz und alternative Energien einsetzen, den Bau der umstrittenen atomaren Wiederaufarbeitungsanlage in Wackersdorf einstellen und Schülern mit „Stoppt Strauß"-Ansteckern das Bayerische Verdienstkreuz für Zivilcourage verleihen. Er nahm sich vor, gleich nächstes Jahr damit anzufangen. 1988 kam er bei einer erneuten Jagd im fürstlichen Forst unter mysteriösen Umständen zu Tode. 1989 wurde der Bau der WAA eingestellt.

Um das Hofbräuhaus rankt sich eine Vielzahl von Legenden, in deren Mittelpunkt meist der Senior-Wirt des Hauses steht, der seit Menschengedenken jeden einzelnen Gast mit einem Händedruck begrüßt. Ihm werden philosophisch angehauchte Zitate wie „Setzen Sie sich schon mal hin, einen Stuhl bringe ich gleich" oder „soso, jaja, mhm, aha" zugeschrieben. Menschen, die das HB seit dem Ende des zweiten Weltkrieges regelmäßig besuchen, genießen eine bevorzugte Sonderstellung. Sie werden während des Handschlags mit einem „Herr" bzw. „Frau" angesprochen, worauf im besten Fall der richtige Name des Stammgastes folgt. Die Trefferquote lag vor zwei Jahrzehnten noch bei über 95 Prozent, nimmt aber in letzter Zeit rapide ab, was vor allem dem Umstand geschuldet ist, „dass die jungen Leute alle gleich ausschauen". Gäste, die mit Namen angesprochen werden, gehören in den geheiligten Hallen des HB zum engsten Kreis der Auserwählten, zur trinkenden Oberschicht, unabhängig davon, ob sie sich im Leben außerhalb als Lumpensammler oder Mathematikprofessor einen entsprechenden Ruf erarbeiten konnten. In einem Menschen mit unterentwickeltem Selbstbewusstsein oder krankhafter Profilneurose kann dieser Umstand schwere seelische Schäden verursachen. Er lässt sich nämlich nicht durch anderswo erfolgverheißende Methoden, wie dem Wirt Honig ums Maul schmieren, hundert Euro Trinkgeld geben oder mehrmals auf die eigene wichtige

Funktion als Grundpfeiler des gesellschaftlichen Lebens in Regensburg hinweisen, beeinflussen.

Eine innerwirtschaftliche Feldstudie der Universität Regensburg untermauerte die These, dass lediglich eine radikale Veränderung der Lebensweise zum anvisierten Ziel „Handschlag samt korrekter Namensnennung" führen kann. Diesbezüglich lägen die Mindestanforderungen bei 20 HB-Besuchen von jeweils nicht weniger als drei Stunden monatlich. Auch würden mehr als zwei HB-lose Tage hintereinander die Aufrechterhaltung der zielführenden Präsenz-Kontinuität negativ beeinflussen. Der HB-Wirt soll die Resultate mit einem hintersinnigen „Der Weg ist das Ziel" kommentiert haben. Die Anfeindungen von Seiten weniger geschäftstüchtiger Mitbewerber, das HB selbst habe die Studie in Auftrag gegeben und die Ergebnisse manipulativ vorformuliert, prallen wirkungslos an den Spitzbogenfenstern der historischen Wirtsstube ab.

Touristen wie Einheimische können sich im HB sicher fühlen. Hier wird nie gerauft, geschlägert, mit Messern aufeinander eingestochen oder geschossen. In den akribischen Aufzeichnungen der Tagesabläufe im HB sticht lediglich ein handgreiflicher Vorfall heraus, in den der Hausherr selbst verwickelt war: Musiker Franz F. (Gitarre) saß bereits seit 15 Uhr mit den anderen beiden Mitmusikanten seiner Kapelle am Tisch, um die Playlist ihres nächsten großen Auftritts beim Tag der offenen Tür der Landmetzgerei Holler in Undorf zu besprechen. Ab 17 Uhr verlor er allmählich seine Sprachfähigkeit und nickte immer öfter ein. Schließlich forderte ihn Karl N. (Quetschn-Spieler), der im Gegensatz zu F. weder beim Kneitinger-Frühschoppen war noch nach dem Mittagessen drei Bärwurz getrunken hatte, auf, heimzugehen, weil das alles keinen Sinn mehr mache. F. widersprach nicht, stand gehorsam auf, torkelte zur Garderobe und wollte in seinen Anorak schlüpfen. Just in diesem Moment drehte der HB-Wirt seine siebte Handschlag-Runde des Tages. F. war ihm namentlich bekannt, da er alle diesbezüglich geforderten zeitlichen und konsumtechnischen Anforderungen des Hauses mehr als erfüllte. Während

F. in grobmotorischen Bewegungen versuchte sich anzuziehen, mutmaßte der HB-Wirt, dass F. eben erst gekommen und im Begriff sei, den Anorak auszuziehen. Dabei wollte er ihm behilflich sein. „Warten Sie, ich helfe Ihnen aus der Jacke, Herr F." F. hatte seine Sprachfähigkeit noch nicht so weit wiedererlangt, dass er dem Wirt einen komplexen Sachverhalt, wie den Wunsch, seine Jacke anzuziehen, hätte vermitteln können. Daraus entstand ein längeres Hand- und Ärmelgemenge, aus dem der Wirt als Sieger hervorging. Er hängte F.s Anorak zurück an den Ständer und wies die Bedienung an, Herrn F. schnell ein frisches Bier zu bringen, weil dieser ja bestimmt nach der Arbeit einen Riesendurst habe.

Begeben wir uns nun aus diesem Hort des Friedens heraus und tauchen wir ein in die grausame mittelalterliche Historie Regensburgs. Keine 70 Meter müssen wir auf dem Kopfsteinpflaster des Rathausvorplatzes bewältigen, um ans Einlasstor zur Fragstatt, zur Regensburger Folterkammer, zu gelangen. Auf halbem Weg dorthin ragt ein Erker mit gotischen Naturstein-Fialen aus der Fassade des alten Rathauses heraus. Dabei handelt es sich nicht um die Filiale eines Natursteinhändlers, wie der schludrige Leser vielleicht vermuten könnte, sondern um schlanke, verzierte Türmchen, die dem Balkon-Erker mit ihrer Filigranität seine Wucht nehmen und ihn höher aussehen lassen. Hinter den Fenstern des Erkers befindet sich der historische Reichssaal. Vielleicht sollte ich künftig mit dem Wort „historisch" sparsamer umgehen, weil es in Regensburg kaum einen Quadratzentimeter gibt, der nicht geschichtlich bedeutsam wäre oder nicht schon so uralt, dass er diese Bezeichnung nicht verdient hätte. Der Reichssaal aus dem 14. Jahrhundert war ursprünglich ein städtischer Tanzsaal, in dem Bälle abgehalten wurden. Wie oft und wie lange er als solcher genutzt wurde, ist nicht überliefert. Vielleicht hatte die Nutzungsänderung mit den Tanzverboten zu tun, die ausgesprochen wurden. „Walzend und schutzend Tänz" galten als unmoralisch, weil es dabei zu „unzüchtigen Betastungen" kommen könnte. Mit an

Sicherheit grenzender Wahrscheinlichkeit ist es diesen Verboten geschuldet, dass sich die Geburtenrate Regensburgs im Mittelalter im überschaubaren Rahmen bewegte. Schließlich setzt das Kinderkriegen gewisse Formen unzüchtiger Betastungen voraus. Die Einwohnerzahl soll damals bei etwa 11.000 gelegen haben. Dass es ein halbes Jahrtausend später im Jahre 1818 auch erst 19.000 Regensburger gab, zeigt, wie wenig der damaligen Legislative die ursächlichen Zusammenhänge von körperlicher Nähe und der Zeugung künftiger Steuerzahler geläufig waren. Ab dem 16. Jahrhundert wurde getagt, wo früher getanzt wurde. Von 1663 an fand hier der Immerwährende Reichstag, die Ständevertretung im Heiligen Römischen Reich, statt. Über 300 Fürsten, Grafen, Prälaten und Vertreter von Ritterorden beziehungsweise deren Abgesandte sollen sich zeitweise im Saal gedrängt haben. Einfach ausgedrückt ging es um Führungsansprüche, um Gesetz-Erlasse, Rechteübertragungen, Kriege, Kapitulationen. Noch einfacher gesagt um Politik. Das alles wurde am berühmten Grünen Tisch ausgehandelt, über 300 Jahre, bevor die Fraktion der Grünen Einzug in den Regensburger Stadtrat hielt. „Etwas am Grünen Tisch entscheiden" wurde zur festen Redewendung für praxis- und realitätsferne Entscheidungen. Offensichtlich fühlten sich einige Stadtpolitiker der Neuzeit diesem zweifelhaften Anspruch aus der Regensburger Vergangenheit verbunden. Wie sonst hätte am Neupfarrplatz ein gewachsenes Stadtviertel mit gotischer und neubarocker Bebauung dem Erdboden gleichgemacht werden können, um dort in den 1970ern ein 13.000-Quadratmeter-Kaufhaus im Betonbunkerstil aus dem Boden zu stampfen?

Wenden wir uns etwas Erbaulicherem als der Regensburger Neubaukultur zu. Wo wollten wir hin? Zur Fragstatt. Genau. Unter dem Alten Rathaus befindet sich die mittelalterliche Folterkammer. Sie beherbergt ein breites Instrumentarium zur intensiven Befragung verdächtiger Personen. Den Spanischen Esel beispielsweise. Der Delinquent wurde gezwungen, sich auf die spitzen, keilförmig nach oben hin zulaufenden Bretter zu setzen. An seine Füße wurden schwere Gewichte gehängt. Oder die Streckleiter, nach deren Einsatz die Befragten nicht selten 10 Zentimeter größer als vorher waren – oder tot. Dabei kamen die Folterwerkzeuge nur sehr selten zum Einsatz, weil allein deren Anblick den unfreiwilligen Betrachter dazu veranlasste, jedes wie auch immer geartete und von wem auch immer begangene Verbrechen zu gestehen. In den 70er und 80er Jahren wurde Lehrern vom Bayerischen Kultusministerium empfohlen, sich als Folterknechte zu verkleiden und die Fragstatt mit renitenten Schülern zu besuchen. Dieses pädagogische Konzept zeigte bis in die 90er Jahre hinein Wirkung. Die Aufmüpfigkeit nahm spürbar ab und wandelte sich zum Teil sogar in eine gewisse Unterwürfigkeit. Wollte ein Schüler, der einmal hinter den verschlossenen Türen der Fragstatt auf sein soziales oder schulisches Fehlverhalten hingewiesen worden war, in alte Verhaltensmuster zurückfallen, brauchte der Lehrer nur mit dem Laserpointer auf die im Werkunterricht nachgebaute Halsgeige zu zeigen, die anstelle des Kreuzes an der Wand des Klassenzimmers hing. Sofort warf der Schüler seine Spickzettel weg, aß den gerade gefalteten Papierflieger auf oder fiel auf die Knie und bat tränenreich um Vergebung. Die Problematiken der Schwererziehbarkeit und Verhaltensauffälligkeit schienen ein für allemal aus dem Schulalltag verbannt zu sein. Dann jedoch wurden die Geburtsjahrgänge nach 1990 eingeschult, die sich schon bald über das Etikett „Generation Porno" freuen durften. Sie wussten an ihrem 10. Geburtstag bereits mehr über exotische Varianten zum Austausch menschlicher Körpersäfte als ich es mir in meiner begrenzten Restlaufzeit noch aneignen könnte, wenn ich es denn wollte. Auch, falls es mich interessieren würde: Mir fehlte die Zeit dazu. Zudem werde ich immer vergesslicher, was die Einarbeitung in neue Themenbereiche nicht einfacher macht. Angenommen, eine leicht bekleidete, attraktive Frau käme am Mittwochabend an unseren Schnupfer-Stammtisch und würde mich fragen, ob ich sie nach Hause begleiten und mit ihr „etwas" machen wolle. Sie würde natürlich nicht „etwas" sagen, sondern einen Fachbegriff verwenden, den ich vor zwei oder drei Tagen auf einer dieser ominösen Internet-Seiten gehört haben könnte, wenn ich sie denn besucht hätte. Mir fiele aber ums Verrecken nicht mehr ein, was dieser Begriff in dem Film, der vielleicht in einem Fitness-Studio gespielt hat, bedeuten sollte. Es wäre mir aufgrund der bereits angesprochenen, altersbedingt verminderten Merkfähigkeit entfallen. Ich könnte die Dame begleiten und mich überraschen lassen, was mit diesem „Etwas" gemeint ist. Aber was wäre, wenn dieser Begriff gar nicht der gewesen wäre, den der Fitnesstrainer der asthmatisch röchelnden Frau auf der Hantelbank ins Ohr gespeichelt hat? Wenn er sich nur ähnlich angehört hätte? Was, wenn dieses „Etwas" der slowakische, slowenische oder hochzillertalerische Begriff für „kaputte Birnen auswechseln" oder „verstopften Siphon reinigen" wäre? Und warum überhaupt sollte diese rassige Schönheit an einen Tisch mit Männern kommen, denen schwarze Schnupftabaksreste aus der Nase hängen? Sie würde auch andere bekommen, die ihr die Birne rausdrehen oder die neue Waschmaschine in den Keller tragen. Doch das nur nebenbei. Besagte Generation Porno brachte das gesamte schulische Maßregelungssystem ins Wanken. Sie fühlten sich beim Besuch der Folterkammer an Sadomaso-Praktiken erinnert, wie sie sie schon tausendfach auf dem Smartphone gesehen und mit den Mädels aus der 5b diskutiert hatten. Erklärte ihnen der Lehrer, dass auf dem „Beichtstuhl" die Dornen der Sitzfläche tief ins Fleisch eindrangen, weil der Schoß des Gepeinigten mit Steinen beschwert wurde und dass den Schülern das auch bald blühen könne, quittierten sie das mit einem „langweilig" oder „Super, darf ich das gleich ausprobieren?" Von abschreckender Wirkung konnte keine Rede mehr sein. Während 1973 jährlich noch über 800 Schulklassen aus ganz Bayern die Fragstatt besuchten, waren es 2005 nur noch 3.

Die Fragstatt erfüllt aktuell keine gesellschaftlich relevante Aufgabe mehr. Im Mittelalter dagegen spielte sie eine tragende Rolle bei der Ausrottung des Hexenwesens. Eine Erfolgsgeschichte, von deren bereinigender Wirkung wir noch im Hier und Heute profitieren. Die letzte verfügbare statistische Jahreserhebung der Stadt weist 118.020 sozialversicherungspflichtige Beschäftigte aus. 33.000 davon arbeiten im produzierenden Gewerbe, 21.000 in Handel und Gastronomie, 3.000 im Bauwesen. Ketzerei und Hexerei erreichten keine statistisch relevanten Werte.

REGENSBURGER FESTKALENDER

In Regensburg wird viel gefeiert. Angefangen von freilaufenden Horden weiblicher und männlicher Polterabendgeister, die sich in Sträflingskostümen, Känguruoveralls und rosaroten Tutus (meist adipöse Kreisklassenfußballer aus dem Umland) am Wochenende auf den Weg machen, um unbescholtenen Regensburgern und Regensburg-Besuchern den Abend zu verderben. Bald werden sie keine Junggesellinnen und Junggesellen mehr sein, sondern in den sicheren Hafen der Ehe einfahren, um dort die nächsten Jahrzehnte ein noch trostloseres Tupperware-Kongress-Leben zu führen als vor der Hochzeit. Das muss gefeiert werden. Ein Küsschen für 2 Euro. Oder ein lustiges, über einen Besenstiel gezogenes Himbeergeschmack-Kondom mit Teufelsköpfchen, das wahllos belästigte Passanten abzulecken aufgefordert werden, damit die künftigen Bräutigaminnen und Bräutigame ihre Wetten nicht verlieren. Das Regensburger Fremdenverkehrsamt fordert dazu auf, den Bitten der fröhlichen Leiterwagen-Grüppchen diskussionslos nachzukommen, um Schlimmeres zu verhindern. Man stelle sich vor, wozu Menschen, die sich aus freiem Willen wie entlaufene Irre gebärden, von ihren Artgenossen gezwungen werden können, wenn eine dieser Wetten verloren ginge. Wechseln wir deshalb lieber schnell das Thema und beschäftigen wir uns mit der organisierten Art des Feierns. Darin sind wir Meister. Inzwischen gibt es so viele Feste an so vielen Tagen, dass sie übereinander gestapelt oder parallel stattfinden müssen. Auch mit der Namensfindung ist das so eine Sache. Vor der eigentlichen Bezeichnung sollte immer ein „Regensburger“ stehen, damit jeder weiß, wo er sich befindet, wenn ihm gerade ein Riesenhumptata oder „We will rock you“ die Trommelfelle über die Ohren zieht; wenn ihm der Senf aus der Bratwurstsemmel seines Gegenübers ins frisch operierte Auge spritzt; wenn er halb verdurstet eine Dreiviertelstunde für eine Radlermaß angestanden hat und dann erst nach der letzten Biegung – es stehen nur noch drei Leute vor ihm in der Schlange – das Schild „Pfandrückgabe“ erscheint; wenn den lieben Kindern Klimakiller-Alufolienluftballons in Einhornform für 15 Euro gekauft werden, die beim Tedi-Markt für 50 Cent zu haben sind; wenn diese Luftballons auf Nimmerwiedersehen davonfliegen und die Kinder sich deshalb mit Schreikrämpfen in Currywurst- und Grillhähnchenresten und Zitronenabtupftüchern wälzen; wenn ... und so weiter.

Feste, vor denen „Regensburger“ steht, zeichnen sich dadurch aus, dass man dort keine Regensburger trifft. Denn der Regensburger feiert nicht. Er lässt feiern. Dabei ist es ihm egal, wo und was er nicht feiert. Hinter dem „Regensburger“ können noch so aufregende Bezeichnungen stehen: Bürgerfest, Brückenfest, Craft Beer Fest, Campusfest, Jahninselfest, Popkultur-Festival, Schlossfestspiele, Tage Alter Musik, Jazzweekend, Mundartfest, Theaterfest, Maidult, Herbstdult oder Tag des Bieres. Er bleibt daheim und schließt die Fenster oder fährt weit weg in Urlaub.

Ein ganz besonderes Fest findet alljährlich am Sonntag vor dem Osterwochenende, am Palmsonntag, statt. Sinnigerweise heißt dieses Fest „Palmator“, so wie das Starkbier, das dort ausgeschenkt wird und an Mensch und Umwelt erheblichen Schaden anrichtet. Würde dieses Fest, wie viele andere, in der Innenstadt gefeiert, läge Regensburg längst in Schutt und Asche. So wie die Amerikaner die mutmaßlich gefährlichsten Verbrecher und Terroristen nach Guantanamo ausgelagert haben, spielt sich auch die Palmator-Tragödie außerhalb der Regensburger Stadtgrenzen ab. Am Montagmorgen danach sieht es im eineinhalb-Kilometer-Radius um das Festzelt aus, als hätte ein

Orkan gewütet und die Abfallberge aus allen umliegenden Müllhalden hierher verfrachtet.

Die beschauliche Kommune Pettendorf zählt etwa 3.000 Einwohner. Wenn „der Adlersberg ruft", pilgert die dreifache Menschenmasse hinauf, um sich nach zwei bis fünf Maß wieder marodierend hinunterzubewegen. Die meisten Schäden richten Festbesucher an, die sich beim Heimgehen noch auf zwei Beinen fortbewegen können. Sie reißen Straßenschilder und Begrenzungspfähle aus, zerdeppern ihre Maßkrüge, urinieren an und auf alles, was sich bewegt und nicht bewegt, und sind in vielen Fällen gezwungen, auch andere Körperöffnungen für die Entsorgung von mehr oder weniger flüssigen Exkrementen zu nutzen. Geht man davon aus, dass es Gott gibt und somit auch eine gerechte Gottesstrafe, lässt sich erahnen, welche Ereignisse zu dieser Vorhölle geführt haben könnten. Um 1270 wurde auf dem Adlersberg ein Dominikanerinnenkloster von Ludwig dem Strengen gegründet und gebaut. 300 Jahre später wurde das Kloster profaniert und die armen Nonnen wurden vertrieben. In den Geschichtsbüchern wird dieses gotteslästerliche Vorgehen als erste urkundlich belegte Eigenbedarfskündigung vermerkt. Statt gebetet wurde nur noch gebraut und getrunken. Gott wird sich gedacht haben, dass sich da doch jemand einmischen muss. Und wenn nicht er, wer dann? Also stellt er die Gemeinde vor die Wahl: 7 Jahre Dürre, regional begrenzte Sintflut oder Palmatorfest. Da der Gemeinderat damals ausschließlich aus der siebenköpfigen Wirtsfamilie bestand, die übrigens nicht das Geringste mit den jetzigen, netten und hilfsbereiten Besitzern gemein hatte, fiel die Wahl einstimmig auf das Palmatorfest.

Die Stadt Regensburg weiß, welcher Segen es für sie ist, dass der Palmator weit draußen stattfindet. Sie war deswegen zeitweise so euphorisiert, dass logische Denkprozesse darunter litten und fatale Fehlentscheidungen getroffen wurden. Ein Pendelverkehr vom Hauptbahnhof wurde eingerichtet, der die Trinkwütigen aus der Stadt hinaus und auf den Adlersberg hinauf bringen sollte. Die Vision war, einen Tag lang ein komplett besoffenenfreies Regensburg zu schaffen. Bis ca. 14 Uhr ging die Rechnung auf. Bald wurde den Verantwortlichen klar, dass ein Pendel nicht nur hin, sondern auch her schwingt.

Mein Freund Claudius wohnte in einem kleinen Häuschen der pittoresken Ganghofersiedlung im Stadtsüden. Warum er in den 90er Jahren für 350 D-Mark dort wohnen konnte, die Liliput-Häuser dagegen aktuell für 1,5 Millionen Euro zum Verkauf stehen, könnte einer der Gründe sein, warum so viele Menschen versuchen, auf dem Adlersberg mutwillig ihre Hirnzellen zu vernichten. Sie ertragen es nicht. Aber dazu kommen wir später noch. Jetzt geht es erst mal um den 5. April, den Palmsonntag des Jahres 1998. Claudius hatte einen entspannten Vormittag vorm Fernseher bei der Wiederholung des Aktuellen Sportstudios vom Samstag verbracht. Normalerweise schaute er das aktuelle Sportstudio nur einmal an, entweder samstags oder sonntags. Am 4. April hatten aber die Bayern Werder Bremen auswärts mit 3:0 vom Platz gefegt. Zwei Tore Scholl, eins Jancker. Bayern blieb weiter bis auf zwei Punkte dran am Tabellenführer Kaiserslautern. Dieses Spiel hatte bei Claudius alle Zweifel beseitigt, dass am Ende wieder „Deutscher Meister wird nur der FCB“ gelten werde. Wie würden wir vor dem Ausland, vor Real Madrid, Juventus Turin und Arsenal dastehen, wenn Deutschlands beste Fußballmannschaft aus dem pfälzischen Hunderttausendseelen-Kaff Kaiserslautern käme. Man stelle sich einen britischen Fußballfan vor, der nach dem Pub-Besuch vor laufender Kamera versucht, die Champions-League-Paarung seines Lieblingsvereins gegen den FC Kaiserslautern auszusprechen. Aber jetzt Gott sei Dank das 3:0, das sich beim zweiten Ansehen noch triumphaler, noch heroischer, noch seelenbalsamierender anfühlte als am Abend davor. Selten hatte ein Samstag so gut aufgehört und ein Sonntag so herrlich angefangen. Parallel zum Torwandschießen widmete er sich der Lektüre der regionalen Sonntagszeitung. Das Blatt erinnerte ihn ans Palmatorfest und wies auf den praktischen Pendelbusverkehr hin. Ein Wink des Schicksals. Schließlich gab es etwas zu feiern. Er ließ sich ein Bad ein, rasierte sich, duftete sich ein, zog Cordhose, Pulli und das beige Sakko an. Zur Sicherheit packte er eine gefütterte Windjacke in den kleinen Rucksack, falls es später und kälter werden sollte. Am Tag zuvor hatte er sich in der Schusterei in Stadtamhof zugegeben etwas überteuerte, aber sehr elegante Wildlederschuhe gekauft. Der Palmsonntag schien wie geschaffen dafür zu sein, die neuen Halbschuhe einzuweihen.

Inzwischen war es 14:30 Uhr geworden. Zum Bahnhof brauchte er fußläufig 25 Minuten. Er legte die Strecke mit einem breiten Lächeln zurück, weil die Schuhe nicht nur klasse aussahen, sondern auch hervorragend passten. Sie waren bequem genug, mit ihnen vom Adlersberg heimzuwandern, falls er dort Freunde treffen und ihm das Fest so gut gefallen sollte, dass er über die Pendelbuszeiten hinaus dort feiern wollte. Zunächst war er etwas verunsichert, weil sich außer ihm keine Menschenseele an der Haltestelle befand. Nach und nach kamen ein paar Leute, die sich gesittet hinter ihm anstellten. Gut, dachte er, als Erster habe ich einen Sitzplatz sicher. Von Weitem schon war die Leuchtschrift „Sonderfahrt" auf dem Bus zu lesen, der in die Maximilianstraße eingebogen war und gleich in der Haltestellenharfe am Bahnhof ankommen würde. Mit einem langgezogenen Zischen, das man auch als bedeutungsschwangeres Stöhnen interpretieren hätte können, öffneten sich die hinteren Flügeltüren. Claudius trat etwas zur Seite, damit die zurückkehrenden Fahrgäste ungehindert aussteigen konnten. Ihm schwallte ein Starkbier- und Magensäure-Dunst entgegen, von dem er hoffte, dass er sich auflösen würde, bevor er einstieg. Der Bus leerte sich. Ganz zum Schluss wollten zwei steilwinkelig aneinandergelehnte junge Männer in kurzen Lederhosen und Trachtenjanker aussteigen. Noch im Bus schrie einer dem anderen ins Ohr: „Binagschpanomanzuchhoamnodawischn."
Der andere antwortete nicht. Auch trat er statt auf die unterste Stufe des Busausstiegs ins Leere, worauf die beiden Claudius vor die Füße fielen und sofort damit anfingen, sich über seine Wildlederschuhe zu erbrechen. Claudius kam es wie eine Ewigkeit vor, bis sie damit fertig

waren. Der Eloquentere der beiden schien betroffen zu sein und äußerte ein devotes „Schuliun". Der andere wischte mit den Händen Claudius' Schuhe ab und wollte alles ungeschehen machen, indem er versuchte, mit dem Janker-Ärmel nachzupolieren. Dann krochen sie weiter zum Bahnsteig 9, auf dem der Zug nach Straubing zur Abfahrt bereit stand. Claudius nahm zwei Tempos aus der Sakkotasche. Er zog Schuhe und Strümpfe aus, entsorgte sie im Mülleimer an der Fahrplanaushangstange und machte sich barfuß auf den Weg nach Hause. Er wusste nicht genau, warum, aber irgendwie war er in seinem Innersten froh drüber, dass es so gekommen war.

Der Palmator wird nicht nur auf dem Adlersberg ausgeschenkt. Auf der Tremmelhauserhöhe findet am Palmsonntag ebenfalls ein Starkbierfest statt. Doch trennen die beiden Veranstaltungen Welten. „Kind von fliegendem Maßkrug getroffen" lautete eine Schlagzeile nach dem Adlersberger Palmatorfest 2019. Beim Höhwirt dagegen lassen Kinder etwas fliegen. Und zwar ihre Drachen. Auf der angrenzenden Wiese herrscht ein buntes Treiben. Kleine Drachenbändiger und Sandkasten-Ritter spielen neben den Biertischen ihrer Eltern, die sich kultiviert über das Tagesgeschehen in und um Regensburg unterhalten. Es wird auf Bäume geklettert, in gemischten Mannschaften mit festgelegter Mädchenquote Fußball gespielt, im Schatten jahrhundertealter Bäume gepicknickt. Die Gäste klappen ihre Biertische und -bänke selbst auf und stellen sie hin, wo es ihnen am besten gefällt. Während am Adlersberg ein zürnender Gott Peitschenhieb um Peitschenhieb auf die Gemeinde niederprasseln lässt, erscheint Tremmelhausen so idyllisch, als hätte man es vorsichtig aus einem Hedwig-Courths-Mahler-Roman herausgeschnitten und behutsam als weit sichtbares Zeichen der Liebe, des Glücks und des Friedens auf einer von weiten Feldern, Wiesen und kleinen Waldungen dekorierten Anhöhe eingepflanzt. Als hätte man es einem Bilderbuch aus unbeschwerten Kindertagen entnommen.

Seit Generationen verkauft die Höhwirt-Familie selbstgemachten Leberkäse und Kuchen aus dem Fenster heraus. An einem anderen Fenster um die Ecke darf man sich für Getränke anstellen. Das alles zu Preisen, die den Gastronomen in der Innenstadt die Schamesröte in ihre profitgierigen Hamsterbacken treiben sollten.

Was macht die generationenübergreifende Anziehungskraft der Tremmelhauserhöhe aus? Ist es, dass man zwei Radler nehmen muss, auch wenn man nur eine haben will, weil sonst am Ende des Tages eine halbe Flasche Limo übrigbleiben könnte? Ist es, dass es keinen Service gibt, sondern du nach etlichen Bieren den immer beschwerlicher und länger werdenden Weg zur Getränkeausgabe selbst auf dich nehmen darfst? Ist es der asphaltierte Vorhof, von dem sich, gehörte er nicht zur Tremmelhauserhöhe, behaupten ließe, dass er den Charme eines Aldi-Parkplatzes versprüht?

Bereits in vierter Generation betreibt die Familie Huf die Wirtschaft sehr erfolgreich. Rückblickend kann man sie als die Erfinder des Guerilla-Marketings bezeichnen. Eine Werbeform, die sich von konventionellen Werbemedien abwendet und trotz geringstem finanziellem Aufwand gute Erfolge generiert. So war der Saal des Höhwirts für eine Hochzeit reserviert worden. Als die Braut fragte, welche Speisen der Höhwirt denn kredenzen wolle, antwortete dieser mit „Schweinebraten". „Und für unsere vegetarischen Gäste?", hakte die Braut nach, worauf vom Wirt ein trockenes „Gemischter Braten" kam. Natürlich wusste der Höhwirt, dass Vegetarier über einen Gemischten Braten nicht besonders amused sein würden. Selbstverständlich hätte er wie aus der Pistole geschossen vier bis fünf vegetarische Gerichte aufzählen können, die er hervorragend zuzubereiten wusste und nach denen sich sogar Veganer die Finger abgeleckt hätten. Er wusste aber, dass die geschwätzige Braut für ihn ein hervorragender Verteiler war. Wieder und wieder würde sie die Anekdote über den einfach gestrickten Hufwirt ihren Freundinnen und Kolleginnen, die mindestens ebenso geschwätzig wie sie waren, erzählen. Diese würden sie ausschmücken und weitererzählen und wieder weiter und noch mal weiter. Der Höhwirt hatte gezieltes Guerillamarketing in Form der sich schneeballsystemartig verbreitenden Mundpropaganda eingesetzt. Bald fragte sich Gott und die Welt, wo denn dieser Höhwirt sei, wie man dorthin komme, wie viele Wochen im Voraus man einen Tisch für zwei Personen bestellen müsse und ob sich ein Hubschrauberlandeplatz in der Nähe dieses sagenumwobenen Gourmet-Tempels befinde. Der Mythos Tremmelhausen war geboren. Von nun an war es für den schlitzohrigen Höhwirt ein Leichtes, die Legendenbildung um sein Wirtshaus zu verstärken. Auf die Frage „Welche Salate bieten Sie an?“ antwortete er mit „Fleischsalat“. „Ob die köstlichen Kuchen selbst gebacken sind?“ „Ja, vom Bäcker.“

Bestätigten Gerüchten zufolge soll im Tresor des Höhwirts ein Büchlein liegen, das von Generation zu Generation vererbt wird und in das noch kein Außenstehender einen Blick werfen durfte. Es soll den Titel „200 sehr gute Antworten auf 200 saublöde Fragen“ tragen.

TAXI DRIVER – SIND SIE NOCH FREI?

Also, warum willst du den Job? – Ich kann nachts nicht schlafen. – Geh in einen Pornoschuppen. Das macht müde. – Das wirkt auch nicht. – Wenn das nicht hilft. Was machstn dann? – Hänge so rum, meistens auf der U-Bahn. Da hab ich mich gefragt: Warum probierst du nicht, in der Zeit Piepen zu verdienen. – Würdest du nachts auch in die Slums fahren, nach Harlem und South-Bronx? – Ich fahr überall hin und wann Sie wollen. – Wie sieht's aus mit jüdischen Feiertagen? – Überall hin, wann Sie wollen. – Schön, zeig mir mal deinen Führerschein. – Wie viele Verkehrsstrafen hast du? – Keine, Sir. Ich bin sauber, rein wie ein Engel. – Sehr witzig. Versuch nicht mich zu verarschen. Alle Jungs, die sich hier bewerben, denken, sie könnten mich verschaukeln. Wenn du vorhast, mich zu verscheißern, kannst du dich gleich verpfeifen. Ist das klar? – Tschuldigung, Sir, ist mir so rausgerutscht. – Bist du gesund? – Jaaah – Alter? – 26 – Schulbildung? – Schwere Frage.

Mit diesem Einstellungsgespräch beginnt Martin Scorseses Filmklassiker „Taxi Driver“, der Robert de Niro in der Rolle des Travis Bickle zum Weltstar machte.

Bickle kreuzt mit seinem Taxi durchs nächtliche New York, das ihm verlottert und menschenfeindlich erscheint. Er ist ein Gestrandeter, der seine Umwelt als Abschaum wahrnimmt. Jeden Morgen, wenn er seinen Wagen zurück in die Garage fährt, muss er erst mal den Rücksitz saubermachen. Manchmal ist es auch Blut. Scorsese verpasste mit Taxi Driver dem ganzen Berufsstand ein prägendes Image: der einsame Wolf, der die Schattenseiten einer Stadt besser kennt als jeder andere, in dessen Rückspiegel sich ein komprimiertes, düsteres Gesellschaftsbild offenbart.

Albert fährt seit über 25 Jahren in Regensburg Taxi. Täglich wartet er an seinem Standort zwischen St.-Kassians-Platz und Neupfarrplatz auf Kundschaft. Regensburg ist nicht der Big Apple. Albert ist nicht Travis Bickle. Und doch liegen die Welten der beiden in manchen Momenten gar nicht so weit auseinander. Zum Beispiel die Sache mit dem Blut und anderen Körperflüssigkeiten auf dem Rücksitz. Ein besoffener Fahrgast habe ihm einmal von hinten das Messer ins Kreuz rammen wollen. Einfach so. Gott sei Dank fuhr er zu dieser Zeit einen robusten Mercedes mit dicken Rückenlehnen. Das Messer konnte ihn nur anpieksen. Ich spüre, dass Albert nicht gerne über solche Dinge spricht, und muss nachhaken, damit ich erfahre, wie die Sache ausgegangen ist. „Ich habe ihn gepackt und zur Polizei gebracht. Er ist verurteilt worden.“ Nichts Aufschneiderisches klingt mit, wenn er in ruhigem Ton über diese Begebenheit spricht, aus der andere eine spektakuläre Mörderkiste gemacht hätten. Darauf, was sich im und vor dem Taxi abgespielt haben muss, hüllt er den Mantel des Schweigens. Ich kann es mir zusammenreimen, als wir ein wenig über sein Leben plaudern. Er war in jungen Jahren Halbschwergewichtsringer. Und kein schlechter. Weil er nur so vor Kraft strotzte, durfte er bisweilen auch im Schwergewicht antreten. So geschehen bei einem Auswärtskampf, als er einen der schweren Jungs auf die Matte warf. „Schwer“ darf hier in seiner ganzen Doppeldeutigkeit verstanden werden. Der Gegner wog nicht nur gute 20 Kilo mehr als Albert, sondern war zudem in der halbseidenen Nachtszene eine bekannte und gefürchtete Größe. Kein Wunder, dass der sieggewohnte Schwergewichtler vor dem Kampf über seinen mickrigen Gegner spöttelte. Nachdem Albert ihn geschultert hatte und der andere konsterniert auf der Matte lag, war ihm seine Überheblichkeit vergangen. Er ließ „die Flügerl hängen“, beschreibt er den seelisch-körperlichen Gesamtzustand des unterlegenen Rotlicht-Helden fast liebevoll.

Albert wandte dabei eine griechisch-römische Überwurftechnik an, die den deutschen Olympia-Ringer Wilfried Dietrich 1972 weltberühmt gemacht und ihm den Beinamen „Der Kran von Schifferstadt“ eingetragen hatte. Dietrich zog den amerikanischen Vier-Zentner-Koloss Chris Taylor im Rückwärtsfallen über sich hinüber. Dabei stand er sekundenlang auf den Zehenspitzen und balancierte die gegnerischen 200 Kilo auf seinem Bauch. Er drückte ihn auf die Schultern und gewann sensationell. Wer es noch nicht gesehen hat – unbedingt anschauen: *https://www.youtube.com/watch?v=n79wBw_LJ9Y.*

Wenn man davon ausgeht, dass Albert mit dem hinterhältigen Messerstecher ähnlich umgegangen ist, dürfte dieser froh gewesen sein, dass er bei der Auseinandersetzung zwar etwas ramponiert, aber doch eingermaßen glimpflich davongekommen war.

Diese Geschichte ist lange her. Der natürliche Feind des Regensburger Taxifahrers tritt heute in anderer Form und größerer Anzahl in Erscheinung. Der Radfahrer. Albert vermeidet es, dieses Wort auszusprechen. Allein die Erwähnung des Begriffs scheint sein Gemüt in Wallung zu bringen. Deshalb bedient er sich eindrucksvoller bildhafter Umschreibungen und verwendet Kosenamen, die an seiner Meinung zu dieser besonderen Spezies von Verkehrsteilnehmern nicht den geringsten Zweifel aufkommen lassen. Natürlich sind damit nicht alle gemeint. Keine Pauschalverurteilung. Nur die Volldeppen. Da ich selbst viel als Innenstadtradfahrer unterwegs bin und versuche, mich immer überwiegend rücksichtsvoll und verkehrsregelgerecht zu verhalten, fühle ich mich ein wenig persönlich angegriffen. Soll ich ihm die Sachlage im Allgemeinen und die Situation des Regensburger Radfahrers im Besonderen einmal aus anderer, aus einer objektiveren Sicht schildern? Ich tue es nicht und bin froh darüber. Denn als wir durch die Stadt fahren, entpuppt sich vieles, was ich voreilig in die Kategorie böswilliges Taxifahrer-Latein eingeordnet hatte, als wahr. Ein Biker radelt in einem Affentempo gegen die Einbahnstraße auf uns zu und springt erst im letzten Moment vor dem Taxi hinauf aufs Trottoir. Albert muss voll in die Eisen steigen. Den Radler scheint das nicht zu kümmern. Oder er nimmt es nicht wahr. Vielleicht wegen der stylischen Kopfhörer über seiner Baseballmütze. Hinter uns hüpft er in Kunstradfahrermanier und mit ungebremstem Tempo wieder zurück auf die Straße.

„So geht das den ganzen Tag", redet sich Albert den Frust von der Seele. Drei Anzeigen von Radfahrern hat er schon bekommen. Diese mussten dann von der Polizei belehrt werden, dass nicht das Taxi, sondern sie selbst grundlegende Verkehrsregeln missachtet hatten.

Andere Radler lehnen sich an Ampeln ans Taxi an oder klopfen aufs Dach und beschimpfen ihn, weil sie der Meinung sind, dass sie immer und Taxifahrer nie im Recht seien. Einmal habe ein Radfahrer eine Fußgängerin angefahren, dass sie ihm vorne auf die Motorhaube gefallen sei. Er musste die Frau ins Krankenhaus bringen. Der Radler ist einfach abgehauen. Albert schildert diese Erlebnisse sehr lebendig. Ich habe mit ihm stillschweigend vereinbart, für diese Geschichte nicht die Original-Wortwahl zu verwenden, damit das Buch auch von Jugendlichen unter 18 Jahren gelesen werden darf. Das aufwühlendste Thema wäre damit abgehakt.

Mich interessiert Alberts Vorleben. Taxifahrer ist nicht gerade das, was ein kleiner Bub antwortet, wenn er danach gefragt wird, was er später einmal werden will. Albert stammt aus einem Dorf ungefähr 30 Kilometer außerhalb Regensburgs. Er lernte Bäcker und Konditor, wurde Geselle und absolvierte in München die Meisterschule, arbeitete zwischendurch im Ausland. Als weltoffener Mensch war er sofort mit dabei, als ihm angeboten wurde, in San Francisco eine Bäckerei aufzumachen. Das hätte er sich gut vorstellen können: Alberts deutsche Spezialitätenbäckerei direkt am Fishermans Wharf. Der Traum zerplatzte, weil einer seiner Partner bei den Vertragsverhandlungen gepatzt hatte. Also wieder zurück nach Deutschland, nach München als Abteilungsleiter der Bayerischen Backfabrik. 1985 pachtete er ein Café mit Konditorei im Vorderen Bayerischen Wald. Die Geschäfte liefen gut. Nach sechs Jahren wollte er dauerhaft weiter verlängern. Die Verpächter machten ihm einen Strich durch die Rechnung. Mit einer Pizzeria baute er sich eine neue Existenz auf. Dann versetze ihm das Schicksal einen harten Schlag. Eine virale Lungenkrankheit brachte ihn fast um. Ein Vierteljahr Klinik, Quarantäne und langwierige Nachbehandlungen. Berufsverbot: Er durfte aufgrund seiner Krankheit nicht mehr als Bäcker und in Gaststätten arbeiten. Seitdem fährt er, nach einem kurzen Intermezzo in einer Zaunbaufirma, in Regensburg Taxi.

Eine ältere Dame grüßt durchs offene Fenster herein, sagt, dass sie nur noch kurz was einkaufen müsse. Dann komme sie. Albert erzählt, dass er einige Stammkunden hat, die nur mit ihm fahren wollen. Das reicht vom Hausmütterchen im Stadtnorden bis zu millionenschweren Investoren.

Investoren?

Ja. Er hat sich bei dieser Klientel einen guten Namen gemacht. Wegen seiner Zuverlässigkeit und Verschwiegenheit. Die kommen aus aller Welt nach Regensburg, um sich hier immobilientechnisch umzusehen, manchmal auch wegen irgendwelcher Arzttermine oder Operationen. Ihren Frauen wird schnell langweilig. Also wird Albert gebucht, dass er die Damen zum Shopping nach München fährt.

Seine Vergangenheit in der Landeshauptstadt kommt ihm dabei zugute. Er kennt München, weiß, wo die Hochpreis-Shopperinnen ihr Geld loswerden können.

Kürzlich hatte er wohlhabende ausländische Kundschaft. Der Mann wollte ihn sehen, bevor er ihm seine Gattin anvertraute. „Ein Riesenweib!“ Deshalb musste er dem Mann auch versprechen, sie überall zu begleiten, sie nicht aus den Augen zu lassen. Sozusagen als Bodyguard. Kein schlechter Auftrag.

Fährst du gerne Taxi?

Albert schnauft durch: „Früher schon, jetzt nicht mehr. Die Menschen werden immer aggressiver und rücksichtsloser. Immer mehr Verkehr und weniger Aufträge. Krankenfahrten werden vom Roten Kreuz, den Johannitern und von Dumping-Sammeltaxianbietern übernommen. Uber ist in Regensburg noch kein Thema. Dafür ist Regensburg zu klein. Noch!“

Was genau war vor 20 Jahren anders?

„Damals konnten die Fahrgäste noch so besoffen sein. Du hast immer dein Geld bekommen. Sogar wenn sie nach einem Faschingsball oder einer durchzechten Nacht blank waren. Sie haben versprochen, es am nächsten Tag vorbeizubringen und haben das auch wirklich gemacht. Heute könntest du so ein Versprechen vergessen. Ich lasse keinen mehr raus, solang ich nicht das Geld oder eine Sicherheit von ihm habe. Und wenn mir einer zu besoffen ist oder zu zwielichtig aussieht, nehme ich ihn nicht mit. Das ist vom Fahrgastbeförderungsgesetz abgedeckt. Unzumutbare Leute dürfen abgewiesen werden.“

Was sagst du zum Tourismus in Regensburg?

„Das ist ein zweischneidiges Schwert. Auf einer Seite wird es an manchen Tagen schon zu viel, andererseits bringen sie auch Leben in die Stadt. Und Geld. Manchmal drehe ich mit Auswärtigen eine Altstadtrunde und zeige ihnen die Hauptattraktionen. Eine kleine Sightseeing-

Tour. Das macht ihnen und mir Spaß. Berechnet wird natürlich nur der Fahrpreis.“

Draußen trottet gebückt ein älterer Mann vorbei, der sich mit dem Gehen sichtlich schwer tut. Albert kennt natürlich auch ihn: der ehemalige Türsteher eines verruchten Regensburger Nachtlokals. „Mein persönlicher Freund“, fügt er in einem Ton hinzu, der vermuten lässt, dass die beiden nie Freunde waren und wohl auch nie mehr welche werden. Albert will das Thema nicht vertiefen, sondern sich Erfreulicherem zuwenden. Wie schön er Regensburg findet. Dass die Leute hier nett sind, weil man in jedem Wirtshaus mit jemandem ins Gespräch kommt. Dass Jung und Alt miteinander können. Dass er es genießt, morgens oder abends mit seiner Lebensgefährtin und dem Hund die Donau entlangzuschlendern. Dass er nirgends anders wohnen möchte. Oder doch. So lange wird er die Taxifahrerei nicht mehr machen. Dann zieht er nach Österreich, in die Gegend um den Wolfgangsee, und will mehr Zeit mit seinem Enkel verbringen.

Als ich ihn nach seinem Lieblingsgebäude frage, antwortet er trocken mit „Augustenburg“. Ein Insiderwitz, weil es kein Bauwerk mit diesem Namen in Regensburg gibt. Die Justizvollzugsanstalt in der Augustenstraße wird so genannt. Schmunzelnd rückt er die Aussage zurecht: Ihm gefallen nicht einzelne Gebäude besonders gut, sondern Regensburg als Ganzes, die Gesamtheit der vielen schönen Gebäude, Türme und Plätze.

Hast du schon berühmte Menschen gefahren?

„Ja. Aber ich kenne die meisten zwar vom Gesicht her aus dem Fernsehen, aber nicht beim Namen. Wie heißt der große Schlanke mit der Glatze, der auch malt?“

– Ich weiß es auch nicht. –

„Oder die Tatort-Kommissarin. Das ist eine spezielle Freundin. Die fahre ich oft, wenn sie in Regensburg einen Auftritt oder eine Lesung hat. Wirklich nett ist die. Mit der kann man sich ganz normal unterhalten. Überhaupt keine Star-Allüren. So was freut einen.“

Eine Passantin steckt ihren Kopf durchs Fenster und fragt, ob das Taxi frei ist. Die Fahrt geht in den Stadtosten. Vorbei am Dom, an St. Ulrich, an der Alten Kapelle. Auf Schritt und Tritt bzw. bei jedem Taxameter-Klacken eine Sehenswürdigkeit. Durch den Minoritenweg, dann auf die Straubinger Straße. Wir landen in einem Viertel, das eher wie ein Industriegebiet denn wie eine Wohngegend aussieht. Dort geht es in den Hinterhof eines heruntergekommenen Bürogebäudes. Elf zwanzig. Die junge, leicht angezählt wirkende Frau bezahlt. Sie steigt umständlich aus, braucht eine gefühlte Ewigkeit, bis sie ihre Papier- und Plastiktüten vom Rücksitz nach draußen verfrachtet hat. Erst jetzt sehe ich, dass sie einen hellen, ausgebeulten Jogging-Anzug trägt. „Sozialfall", sagt Albert. Die fahre ich öfter hierher. Gott weiß, warum. Er zeigt auf das Klingelschild an der Tür. Nur zwei von denen gehen nicht dem horizontalen Gewerbe nach. Alle aus dem Osten. Das ganze Rotlichtgeschäft hat sich in Appartements verlagert. Das Puff ist ein Auslaufmodell, den Straßenstrich in der Guerickestraße gibt es nicht mehr. Übrigens gehören sowohl die Liebesdienerinnen – was für ein missratener Begriff – als auch deren Freier zu Alberts Stammkundschaft. Diskretion bildet die Grundlage eines guten Taxigeschäfts.

Was hätte Travis Bickle jetzt getan? Wäre er der Frau gefolgt? Hätte er mit einer 44er Magnum und einem frisch rasierten Irokesen im Treppenhaus auf die Zuhälter gewartet? Hätte er jeden und alle, die er für den Abschaum dieser Stadt hielt, ins Jenseits befördert oder wenigstens die Hand zerschossen und damit ein Zeichen gegen die menschenverachtende Raffgier im Rotlicht-Milieu gesetzt? Ja.

Aber wie gesagt: Regensburg ist nicht New York. Unser Stadt-Osten ist nicht die South-Bronx.

Welche Gegend hältst du für die gefährlichste in Regensburg?

„Das macht heute keinen Unterschied mehr, ob du jemanden in Richtung Westen oder Norden fährst. Früher gab es schwierige Siedlungen, Blocks und Straßenzüge. Da musste man aufpassen. Aber jetzt ist das eigentlich kein Thema mehr. Überall und nirgends kann dir etwas passieren."

Wie sieht es mit der Solidarität unter den Taxifahrern aus?
„Das ist sehr unterschiedlich. Die einen halten zusammen, mit anderen möchte ich nichts zu tun haben. Das fängt bei Standplatzstreitigkeiten an und hört damit auf, sich gegenseitig Fahrgäste abspenstig zu machen bzw. sich immer die einträglicheren Fahrten zu schnappen."

Wohin fährst du Männer, die Sex haben wollen?
„Je nachdem, was gerade angesagt ist und was geöffnet hat. Als Taxifahrer weiß man das auswendig. Und natürlich muss dort alles stimmen. Nicht dass jemand ausgenommen wird oder nicht auf seine Kosten kommt. Die Betreiber wissen auch, dass sie sich auf mich verlassen können. Das heißt absolute Verschwiegenheit und nie selbst etwas mit den Frauen anfangen. Da können sie dich noch so anblinzeln oder die Bluse auf dem Rücksitz aufknöpfen. Geschäft ist Geschäft und Schnaps ist Schnaps. Manchmal werde ich auch angerufen, damit ich einfach eine Flasche Champagner in einem Apartment vorbeibringe."

Wir nähern uns wieder dem Neupfarrplatz. Albert fragt, ob er mich noch wohin bringen soll. Nein, danke. Er macht Pause und kauft sich am 30 Meter entfernten Metzgerstand eine Wurstsemmel. Vom Geschmack her kriegst du in Regensburg keine bessere, meint er. Und wer sollte das besser beurteilen können als er. Ich tue so, als müsste ich in eine andere Richtung, warte, bis er mich nicht mehr sehen kann. Erst dann schleiche ich demütig zu meinem Fahrrad, sperre es auf und schiebe es langsam durch die verkehrsberuhigte Zone. In alle Taxis, die mir entgegenkommen, grüße ich freundlich hinein. Einer muss ja den Anfang machen.

WOHNUNG VERZWEIFELT GESUCHT

Regensburg stellt für die Bau- und Immobilienbranche ein äußerst schwieriges Pflaster dar. Das ist sehr traurig für die Betroffenen, weil sich andernorts Investoren beim Schachern und Quadratmeterverkaufspreisüberbieten eine goldene Nase verdienen. In Regensburg dagegen vegetiert das gesamte Bauwesen seit vielen Jahren am Rande des Existenzminimums dahin. Wer die Regensburger Verhältnisse kennt, weiß, dass dieser unhaltbare Zustand nachvollziehbare Ursachen hat. An erster Stelle sei das irrationale und unvorhersehbare Wahlverhalten des Regensburgers genannt. Einmal wählt er die SPD, einmal die CSU, dann wieder die SPD oder zur Abwechslung doch wieder die CSU. Dem heimischen Wahlvolk sind die Mechanismen einer wie geschmiert funktionierenden Bauwirtschaft offensichtlich nicht bewusst. Schließlich mindert es den Gewinn an einem Bauprojekt erheblich, wenn der Investor nicht nur einer Partei, sondern zweien Wahlkampfspenden in respektabler Höhe zukommen lassen muss. Gott bewahre: Hier geht es nicht um die Erschleichung von eventuellen Vorteilen durch spendable Zuwendungen. Es geht um nicht weniger als das hohe Gut der Gerechtigkeit bei der sogenannten politischen Landschaftspflege. Man stelle sich vor, beiden Parteien stünde fast kein Geld für ihre Wahlkämpfe zur Verfügung. Ein Desaster. Der Wähler müsste sich über die Parteiprogramme informieren, über die Amtstauglichkeit und den Geisteszustand der jeweiligen Kandidaten. Unzumutbar. Mit dem Geld aus den reichlich gefüllten Immo-Spendentöpfen dagegen können alle Straßenränder und Mittelstreifen mit den Porträts der sympathischen Amtsbewerber zugepflastert werden. Der Wähler kann sich so im Vorbeifahren ganz einfach ein Urteil über die politische Kompetenz der plakatierten Köpfe bilden. Ist der mit dem aufgedunsenen Gesicht geeigneter oder die, der sie den Schnurrbart nicht ordentlich wegretuschiert haben? Wirkt der schwammleibige Aspirant mit Halbglatze vertrauenswürdiger oder der teigige mit dem Dackelblick? Die potentiellen

Investoren leisten mit ihren Spenden einen maßgeblichen Beitrag zur unabhängigen politischen Weiter- und Bewusstseinsbildung. Sollten später Gerüchte im Raum stehen, dass ihnen der/die Bürgermeister/in dieses oder jenes Projekt zugeschanzt habe, können sie reinen Gewissens argumentieren, dass sie die Gelder vor- und fürsorglich an alle Parteien gleichmäßig verteilt hätten. Damit habe der aktuelle Amtsinhaber finanziell keinen Vorteil gegenüber den anderen Kandidaten gehabt. Und warum sollte ein Politiker ausgerechnet den bevorzugen, der ihm nicht merklich mehr als den anderen hat zukommen lassen. Das System läuft in neueren Betriebswirtschaftsfachbüchern unter dem Namen „Regensburgersche Nullsumme". Es wurde inzwischen sehr oft kopiert, wobei das Original in Expertenkreisen noch immer ein anerkennendes Zungenschnalzen hervorruft.

Die Investoren leiden unter diesen wirtschaftsfeindlichen Verhältnissen wie geprügelte Hunde. Ihre ambitionierten Vorstellungen eines sozialen Wohnungsbaus werden durch die immensen Landschaftspflegeaufwand-Verluste aus den Angeln gehoben. Sie sind gezwungen, die Quadratmeterpreise so weit anzuheben, dass sie selbst beim Verkauf nicht pleite gehen und folglich in Regensburg überhaupt nicht mehr gebaut werden würde. Diese Gratwanderung gelingt nur den wenigsten. Nur denen, die unbezähmbaren Willens und guten Herzens sind, das Wohl der Stadtgemeinschaft weit über den Eigeninteressen ansiedeln.

Den Umstand exorbitant hoher Immobilien- und Mietpreise hat weder die Regensburger Politik noch die Immobilienbranche zu verantworten. Es darf kein böser Wille oder bewusstes, zielgerichtetes Handeln unterstellt werden. Das Gen des selbstlosen, überteuerten Wohnungsbaus wird nachweislich von einer Politikergeneration zur nächsten, von einer Makler-Generation zur darauffolgenden übertragen. Die Macht des dominanten Erbguts zwingt den Willen nach Besserung nieder, so er denn überhaupt einmal aufzukeimen im Sinn gehabt hätte.

Wer behauptet, früher sei alles besser gewesen, Regensburg sei erst seit Kurzem so sündteuer, erst seit es Boomtown geworden ist und Wir-sind-Papst-Stadt und UNESCO-Welterbe und Kreuzfahrtschiffsmekka, dem sei die – ich schwöre bei Gott, dem Allmächtigen, dem Schöpfer des Himmels und der Erde – wahre Geschichte eines inzwischen gebrechlichen und dünnhaarigen Mannes erzählt, der in den 80ern sein Studium in Regensburg beginnen sollte. Er kam aus einem ca. 50 Kilometer entfernten beschaulichen Ort, dessen Name mir bekannt, aber entfallen ist. Zu seinem zwanzigsten Geburtstag hatte er sich mit großzügiger Unterstützung seiner Eltern einen gelben VW Käfer gekauft, der ihn von nun an montags mit mütterlichen Care-Paketen zum Studieren hin und freitags mit schmutziger Leib- und Bettwäsche zurück bringen sollte. Dazwischen wollte er in einer günstigen, zentral, aber ruhig gelegenen Wohnung leben, die es noch zu finden galt. Den Besitz des gelben Käfers erwähne ich deshalb, weil es sich dabei um einen 1303er handelte, der im Stadtverkehr gute 18 Liter auf 100 Kilometer verbrannte. Dazu die Ölkrise. Mit diesem Gejammer möchte ich nicht für den ehemals gutaussehenden jungen Mann Mitleid einfordern. Es soll lediglich eine solide Basis für die rechnerische Ermittlung des Betrages liefern, der ihm nach Abzug der sonstigen Kosten für die neue Traumwohnung blieb.

Er setzte eine Annonce in die Zeitung und dachte, als nicht rauchender und nicht schmutzender Wochenendheimfahrer würden ihn die Angebote überrollen. Null. Noch eine Anzeige. Wieder null. Er schob Panik, rechnete aus, wie viel Benzin er verbrauchen dürfte, wenn er täglich zwischen Geburts- und Studienort hin- und herpendelte. Rechnete sogar den Zwanziger mit ein, den ihm die Oma monatlich aus ihrer kargen Witwenrente abzuzweigen versprochen hatte. Es war knapp. Die Rechnung ging nur auf, wenn er bei jedem Gefälle auf der Strecke sofort auskuppelte und den Gang erst bei unter 40 Stundenkilometer wieder einlegte. Keine wirkliche Alternative zu einer Wohnung. Auch hatte er den Tag zur Studieneinschreibung und alles, was damit zusammenhing, verdrängt. Plötzlich war er da,

der Tag. Die Sekretärin des Studentenwerks, sie hieß Frau Silberpfennig, fragte genervt: „Und Sie? Was wollen Sie studieren?"
„Sport", hämmerte sie die stolze Antwort in ihre elektrische Schreibmaschine.

Er hatte die Aufnahmeprüfung vor einem Vierteljahr bestanden. Außerdem war er als hängender Halbrechts zu einer tragenden Säule in der Reservemannschaft seines Heimatvereins geworden. Zwei gute Argumente fürs Sportstudium.
„Lehramt?"
„O.k."
„Realschule?"
„O.k."
„Zweitfach?"
„Was?"
„Sie brauchen ein Zweitfach!"
„Und bei Grundschule?"
„Realschule ist schon eingetragen."
„Ach so. Erdkunde."
„Geht nicht für Realschule."
„Was würden Sie nehmen?"
„Deutsch."
„O.k."

Von hinten klopfte ihm jemand auf die Schulter, der sich eben auch für etwas eingeschrieben hatte. Sie tranken in der Uni-Pizzeria ein Bier zusammen. Im Laufe des Gesprächs stellte sich heraus, dass der andere heute Früh genau so eine Wohnung in der Glockengasse bezogen hatte, wie er sich eine wünschte. „Aber da weiß ich noch eine. Die habe ich abgesagt. In der Landshuter Straße. Gleich beim Finanzamt. Die vermietet der Optiker im Hochparterre. Wenn du dich beeilst, ist sie vielleicht noch da. Zahlst du meins mit? Danke. Servus."

Der Optiker bestätigte, dass die Wohnung noch zu haben sei, der Interessent aber schnell zuschlagen müsse. Wegen der langen Warteliste und der unbeschreiblich hohen Nachfrage. Als der Hausbesitzer die Warmmiete für die Wohnung nannte, huschte dem frisch gebackenen Lehramtsstudenten ein Lächeln übers Gesicht. Der Betrag lag fünf Mark und dreißig Pfennige unter der Schmerzobergrenze, die er errechnet hatte.

Ob er das Zimmer gleich besichtigen wolle?

Aha, ein Zimmer, keine Wohnung also. „Gern."

Treppe hinauf, Etagentür aufgesperrt. Gang mit Zimmern links und rechts.

„Hier Dusche und Toilette."

„Aha."

„Gemeinschaftsküche."

„Mhm."

Neben der Küchenzeile eine weitere Tür. Wahrscheinlich zur Speisekammer. Der Vermieter schließt auf.

„Das wäre Ihrs."

Es war die Speisekammer. Nur dass Marmelade, Kekse und Gemüse fehlten. Dafür links neben der Tür ein 60 cm breites Bett, das fast so lang war wie der Mieter in spe. Rechts ragte ein scharfkantiges Wandregal auf Augenhöhe 40 cm in den Raum, sodass der Bewohner eine vertikale Schlängelbewegung ausführen musste, wenn er zum putzigen Tischlein unter dem schießschartengroßen Fenster gelangen wollte, das, stellte man sich auf den Tisch, einen Blick zur vielbefahrenen Landshuter Straße hinaus bot.

„Einen Schrank werden Sie als Student wohl nicht brauchen. Die Tasche kann unters Bett", machte der Optiker keine Anstalten, irgendetwas am Objekt zu beschönigen.

Wären die Kräfteverhältnisse nicht dermaßen ungleich verteilt gewesen, dann hätte der Sportstudent nachgefragt, ob die drei Monatsmieten Kaution angemessen seien, wenn sich doch der Wert des gesamten Mobiliars schnell an den Fingern eines frühpensionierten Sägewerkarbeiters ablesen ließe. Er hielt an sich, murrte nicht und unterschrieb.

Weit über 30 Jahre sind seither vergangen. Rechnet man den Quadratmeterpreis der Speisekammer unter Berücksichtigung der Inflation, der Umstellung auf den Euro, der prozentualen Erhöhung des Einkommens und der dafür aufzubringenden Wochenarbeitszeit um, war die Speisekammer um 5 % teurer als heute ein möbliertes Zimmer mit Nasszelle und Kochgelegenheit im Studentenwohnheim an der Dr.-Gessler-Straße. Von nachhaltiger Mietpreisstabilität kann also nicht die Rede sein. Vermieter verdienen heute weit weniger als damals.

Ein weiterer Grund, warum es den Regensburg-affinen Investoren so schlecht geht, sind die vermaledeiten Altlasten. Kaum scharrst du für dein neues Mega-Stadtteil-Versorgungszentrum ein kleines Loch, stößt du auf irgendwelchen Krimskrams. Mittelalter, Römer, Juden. Da eine Therme, dort ein Ghetto, hier ein paar Scherben. Als ob Regensburg nicht schon genug von dem Zeug hätte. Nein. Jedes grindige Hockergrab wird gefeiert, als hätte der Jahn die Champions-League gewonnen. Und schon fallen sie in dein Grundstück ein. Die eigenartigen Männchen und Frauchen in ihren mit Fünf-Euro-Einweg-Overalls verhüllten schlaksigen Körpern und mit Köfferchen in den Händen, aus denen sie federleichte Hämmerchen und schüttere Pinselchen entnehmen. Wenn viele Verkleinerungsformen in einem Satz stehen, in dem Werkzeuge vorkommen, deutet das darauf hin, dass es bei den bevorstehenden Arbeiten nicht mit einer guten Viertelstunde getan ist. Dem Archäologen ist es egal, ob dem Investor mit jedem Tag Baustopp einhunderttausend Euro durch die Lappen gehen. Einhunderttausend Euro, die er später wieder reinholen muss.

Ein guter Baggerfahrer sollte wissen, was er zu tun hat. Sobald etwas in der Grube auch nur den geringsten Anschein von historischer Bedeutung erweckt, das Ding sofort auf den Lastwagen schaufeln und weg damit, bevor der Denkmalschutz oder sonst wer dahinterkommt. Apropos Baggerfahrer beziehungsweise Bauarbeiter und Fundstücke. Am 19. März 1989 hob ein gewisser Alois Hammer einen Graben im Ortsteil Kumpfmühl aus, weil dort neue Gasleitungen verlegt werden sollten. Nachdem die erforderliche Tiefe von gut einem Meter erreicht war, setzte er sich um zehn Uhr dreißig in den Bauwagen, um Brotzeit zu machen. Danach wollte er die Feinarbeiten mit Pickel und Schaufel erledigen. Von jeweils zwei Scheiben Leberkäse mit süßem Senf in drei Laugensemmeln und einer Radlerhalbe gestärkt, machte er sich zwanzig Minuten später wieder an die Arbeit. Bereits sein erster Hieb mit der Spitzhacke wurde vom Erdreich mit einem kurzen, metallischen „Klong" beantwortet. Genauer gesagt war es nicht das Erdreich, sondern ein von Grünspan überzogener Bronzekessel, der geantwortet hatte. Nun kommt der Kapo der ausführenden Baufirma ins Spiel. Damals durfte man noch Kapo sagen, weil kein Mensch wusste und es zudem keinen interessierte, dass es sich dabei um einen negativ belegten Begriff aus der Hitlerzeit handelt. Heute ist die Kommunikation viel schwieriger, weil dir alle reinreden. Nicht einmal Eskimo darfst du mehr schreiben, wenn dir der Ethikrat für vorurteilsfreie, nicht-diskriminierende, politisch und geschichtlich korrekte, hautfarben- und geschlechtsneutrale Wortwahl nicht auf die Zehen treten soll. Bei Iglu bin ich mir nicht sicher. Von daher kann ich froh sein, dass Alois Hammer an diesem Mittwoch nicht die Baugrube für einen Iglu im ewigen Eis hat ausheben müssen. Der Kapo machte das Falscheste, was ein Vorarbeiter in dieser Situation tun kann. Richtige Reaktionen wären zum Beispiel gewesen: „Nimm ihn deiner Frau als Gartendekoration mit heim und halt den Mund!" oder „Gib her! Wenn was Wertvolles drin ist, kriegt jeder die Hälfte!" oder „Komm, wir buddeln das Ding in der Ladehofstraße ein. Soll sich der Angermeier (Name der konkurrierenden Baufirma – von der Redaktion geändert) damit rumärgern!"

Der Kapo ruft stattdessen die Polizei an. Diese fühlt sich nicht zuständig, weil mit dem Fund weder ein Eigentumsdelikt noch ein Kapitalverbrechen im Zusammenhang stehe. Er solle sich an das Fundamt wenden. Dort geht keiner ans Telefon, da das Personal mit der Versteigerung der im letzten halben Jahr abgegebenen Fahrräder beschäftigt ist. Er versucht es beim Landesamt für Denkmalpflege. Die

Dame im Vorzimmer vermittelt ihn nicht weiter, da sie in einem alten Metalltopf kein Denkmal erkennen will. „Sehen Sie sich doch einmal das Reiterstandbild von König Ludwig I. in der Bahnhofsallee an oder das Kepler-Monument in der Fürst-Anselm-Allee. So sehen Denkmäler aus." Der Kapo legt auf, als die Vorzimmerdame zu einem längeren Vortrag über den Sinn und Zweck des Kepler-Denkmals, über die Errichtung und spätere Versetzung, über die Spendenaktion, über die Festschrift *Monumentum Keplero dedicatum Ratisbonae*, über die von dorischen Säulen getragene Tempelarchitektur und über die Herkunft des verwendeten Marmors ausholen will. Nächster Versuch: die Untere Denkmalschutzbehörde. Er erreicht die stellvertretende Amtsleiterin auf dem Weg in die Mittagspause. Sie begibt sich an den Fundort Am Kumpfmühler Kastell 6, packt den Kessel in eine Aldi-Tüte und weist den Kapo an, die Grube mit einer Holzabdeckung zu schützen. Dies wäre für den Kapo die letzte Gelegenheit gewesen, konkrete Maßnahmen zur Vermeidung einer Gasleitungsbauverzögerung zu ergreifen. Hätte er der Frau vom Amt beispielsweise im Weggehen den Spaten auf den Hinterkopf gedonnert und mit dem Minibagger eine zweite, etwas weiter entfernte Grube ausgehoben ... aber wir waren uns ja einig darüber, dass er kein Kapo vom alten Schlag war. Auch verschlingt die Verzögerung eines Gasleitungsbaus bei Weitem nicht so viel Geld wie die eines Wohnungs- oder Bürohausbaus durch einen privaten Investor. Die Gasleitungen gehören den Regensburger Stadtwerken. Da spielt Geld eine nebengeordnete Rolle, weil es ständig und automatisch durch die Gebührenzahlungen der Gaskunden nachfließt. So gesehen wäre es eine Dummheit gewesen, den Baustopp durch eine Straftat zu verhindern.

Als der Kapo und Alois Hammer die schlanke Frau wiegenden Schrittes in ihrem leichten, geblümten Midi-Kleid – es war ein herrlicher Frühlingstag – davonstöckeln sehen, fangen sie an zu träumen: Wie viel könnte der Inhalt der Plastiktüte wert sein? Hunderte, Tausende, Millionen von D-Mark? Würden sie die Hälfte oder zumindest jeder ein Drittel davon abbekommen? Würden sie nie mehr arbeiten müssen? Vielleicht könnten sie sich ja mit der attraktiven Amtsfrau künftig öfter treffen. Eine Yacht kaufen und mit ihr gemeinsam über den Gardasee tuckern. Auf dem Oberdeck in der Sonne baden.

Zwei Wochen später. Inzwischen ist der Fund sortiert und einer ersten Analyse unterzogen worden. Das sensationelle Ergebnis: vier schwere goldene Fingerringe, zwei radförmige bzw. halbmondförmige goldene Anhänger, ein silbernes Miniaturgefäß, zwei silberne Halsketten, zwei Armringe aus Silberblech, zwei Kolbenarmringe aus Silber, ein Paar Flügelfibeln aus versilbertem Bronzeblech, 638 verschiedene Münzen und der Bronzekessel selbst. Zweitausend Jahre lang hatte der Schatz an einer Stelle geschlummert, die alle Fachleute überraschte. Der Grenzverlauf des 80 nach Christus erbauten römischen Kastells war bislang anders verortet worden. Aber noch immer gibt es keine Antwort auf die brennende Frage nach dem Wert des Schatzes. Schließlich stehen dem Finder 50 % des Fundstückwertes zu, dem Grundstücksbesitzer die andere Hälfte. Für Hammer folgte ein Wechselbad der Gefühle. Die Gerüchte schossen ins Kraut. Von zig Millionen war die Rede, dann wieder nur von ein paar Tausend D-Mark. Am Ende bekommt er 80.000 D-Mark, was umgerechnet auf seine effektive Arbeitszeit am 29. März 1989 einen Stundenlohn von 27.000 Mark bedeutet. Die Baufirma setzte alle Hebel in Bewegung, sich selbst den Finderlohn, quasi als Bauverzögerungsentschädigung zu sichern. Sie untersagte Alois Hammer sogar, bei der Pressekonferenz die bewegenden Momente der Schatzfindung aus seiner Sicht zu schildern. Trotz aller vorsorglichen Maulkörbe und anwaltlicher Bemühungen blitzte die Baufirma vor Gericht ab. Wieder hatte ein Vertreter der krisengebeutelten Baubranche finanziell das Nachsehen, während sich ein Kleinbaggerfahrer, ein Grundstücksbesitzer, die Untere Denkmalschutzbehörde, die Geschichtsschreiber, das Kumpfmühler Fremdenverkehrsbüro und die Betreiber der Schiffsanlegestelle am Gardasee ins Fäustchen lachten.

Ein letzter Grund, warum die Regensburger Bau- und Immobilienwelt berechtigt über ihre existenzbedrohende Lage lamentieren darf, liegt ebenfalls unter der Erde. Es sind bauverzögernde, gewinnminimierende Altlasten, die nicht aus der Römerzeit oder dem Mittelalter stammen, sondern aus der Zeit, als ein Kapo noch ein echter Kapo war. Bomben! In den letzten Kriegsjahren wurden über Regensburg etwa 40.000 Bomben abgeworfen. Mehr oder weniger gezielt. Die einen sollten zum Beispiel die Messerschmittwerke, in denen Jagdflugzeuge, Seeminen, Torpedohüllen und U-Boot-Teile für den deutschen Endsieg produziert wurden, zerstören. Andere wurden eher beiläufig fallen gelassen, um auf dem Rückweg nach England Ballast loszuwerden und so Sprit zu sparen. 7.500 Tonnen Sprengstoff regneten 1943-1945 auf Regensburg nieder. Die Blindgängerquote betrug etwa 20 %. Es schlummern also 1.500 Tonnen Sprengstoff im Boden, die nur darauf warten, einem Investor, Bauherren oder Bauträger das Leben schwer zu machen. Nicht lustig, wenn du als Raupenfahrer mit der Schaufel auf eine 250-Kilogramm-Splitterbombe haust. Als Firmenchef kannst du auch nicht einfach sagen „wieder zuschütten" oder „weit weg fahren", wie es bei archäologischen Funden Usus ist. Wenn du ein ganzer Kerl bist, kannst du die Bombe selbst entschärfen und dir damit das leidige Sirenengeheul, die Straßensperrungen, die Evakuierungen, die Pressefuzzis und den Kampfmittelräumtrupp ersparen.

Der Ablauf: 1. Ein Mitarbeiter eines deiner Subunternehmen ruft an und erklärt, worauf er vor fünf Minuten in der Baugrube gestoßen ist. Du verstehst kein Moldawisch. Als du das Schlüsselwort „Bomb" heraushörst, schrillen bei dir sofort die Alarmglocken. 2. An der Fundstelle angekommen bittest du den multikulturellen Bautrupp, nicht mehr mit den Schaufeln auf den Blindgänger zu schlagen und fünf Schritte zurückzutreten. Dann krempelst du die Ärmel hoch und legst den Sprengkörper vorsichtig frei. 3. Nimm dein Handy und google, wie ein Zünder aussieht. Das ist ratsam, weil ein intakter Zündmechanismus entfernt werden muss, um die Wahrscheinlichkeit einer willkürlichen Detonation zu vermindern. Ist es ein Aufschlag- oder Säurezünder? Ein Laie kann die beiden Typen kaum voneinander unterscheiden. Entscheide dich für den Aufschlagzünder, weil dieser einfacher zu handhaben ist. 4. Nur wenn die Zündnadel nicht verrostet oder keine Ausbausperre vorhanden ist, bist du noch in der Lage, Schritt 5 umzusetzen. 5. Drehe den Zünder langsam gegen den Uhrzeigersinn heraus. Sollte er festsitzen, steckst du den Wasser-Granulat-Schneide-Aufsatz auf den Akkubohrer und trennst ihn damit vom Sprengkörper ab. 6. Die Bombe ist nun ungefährlich wie ein Bimsstein. Lediglich der Sprengstoff sollte noch fachgerecht entsorgt werden. Diesen kannst du in einen nahegelegenen Fluss (Naab, Regen oder Donau) schütten, da er durch Kontakt mit Wasser noch unexplosiver wird. Oder du bietest ihn den Betreibern des vietnamesischen Standmarktes an der tschechischen Grenze an, die daraus in einem speziellen Recyclingverfahren preisgünstige Silvester-Feuerwerkskörper herstellen.

DIE STEINERNE BRÜCKE, SPAZIERGANG 2

Wir stehen auf der Südseite der altehrwürdigen Steinernen Brücke und genießen den Blick hinüber nach Stadtamhof. Stadtamhof gilt als Sehnsuchtsort des Regensburgers, weil hier alles so ist, wie er es gerne auch auf der herüberen Donauseite hätte. Nicht, dass es rechts der Donau nicht schön wäre. Ich würde unser gutes altes Regensburg gegen keine andere Stadt der Welt tauschen wollen. Aber Stadtamhof ist anders. Vordergründig nur ein Stadtteil wie Reinhausen, Königswiesen, Burgweinting oder Schwabelweis – und doch eine Klasse für sich. Trotzdem werde ich nie nach Stadtamhof ziehen. Was wäre das für ein Leben, wenn es keine Steigerungsmöglichkeiten mehr gäbe, wenn man sich im Leben und im Tod keine Ziele mehr setzen könnte, weil einen das Paradies bereits auf Erden empfangen hätte. Über 80 % der Stadtamhofer gehen nicht zur Kirche und beten nicht mehr, weil das, was sie im Jenseits für ein gottesfürchtig geführtes Leben erwarten könnte, nicht ansatzweise an das irdische Dasein in Stadtamhof heranreicht. Hier flaniert man die behutsam sanierte Hauptstraße entlang, bummelt an den Schaufenstern kleiner inhabergeführter Läden vorbei, genießt auf den Freisitzen des Mea oder des La Strada einen Espresso oder einen Ricard bzw. einen Pernod, wenn der gute Ricard einmal nicht im Angebot ist, weil die Metro die Preise dafür erhöht hat. Kein Ricard?! Andernorts würde man einen hysterischen Anfall bekommen, den Geschäftsführer an den Tisch zitieren und ihn zusammenstauchen. Ob er etwa noch nie in Marseille, Lyon, Toulouse, Montpellier, Aix en Provence, Nizza, Bordeaux, Lille oder Le Havre gewesen sei. Sonst wäre ihm der himmelweite Unterschied zwischen einem Ricard und einem Pernod geläufig. Und dass er bald zusperren könne, wenn die Gepflogenheiten des Lokals ihren Stammgästen gegenüber sich nicht radikal änderten. Am Stadtamhofer Brückenfuß nimmt man derlei hochprozentige Fauxpas zwar zur Kenntnis, aber ungerührt hin. Die friedliche Grundstimmung darf und kann durch nichts getrübt werden. Ein paar Meter weiter in Richtung Pylonentor kommt die wundervolle Schierstadt, dann die Klappe, dann das Meiers, dann die Kuchenbar. Auf der anderen Seite das Early Bird. Jedes einzelne Lokal für sich ein triftiger Grund, in Stadtamhof auszugehen.

Doch gibt es auch Ausnahmen. Nicht alles ist hier eitel Sonnenschein. Nicht jede Gaststätte ist dazu berufen, die wirtschaftliche Infrastruktur Stadtamhofs zu bereichern. So wollten Nachfahren des Spaniers, der viele Jahre vorher mit dem „Spanischen Zentrum“ ein Hort der Ibero-Gastlichkeit bewirtete, an gleicher Stelle ein spanisches Restaurant eröffnen. Was läge näher, als dieses Lokal wieder „Spanisches Zentrum“ oder, wenn es denn sein muss, „Puente de Piedra“ zu nennen. Auf jeden Fall so, dass der Tapas-Gourmet sich davon angesprochen fühlt. Der Verpächter jedoch hielt es zwecks Kostenminimierung für angebracht, die Außenwerbung des Vormieters mit der Leuchtschrift „Bruckmandl“ beizubehalten. Dass dieses

Branding dem Lokal zum Verhängnis wurde, war vorhersehbar. Das Bruckmandl auf der Steinernen Brücke richtet zwar seit Jahrhunderten seinen wachen, sandsteinigen Blick auf die Stadt, von Patatas Bravas, Chorizo und Manchego aber hat es keinen Schimmer. Warum also? Die mysteriösen Umstände, die Eiseskälte der Herangehensweise und glaubhafte Fingerzeige aus gewöhnlich gut unterrichteten Kreisen lassen auf ein kommunalwirtschaftliches Komplott schließen. Dem Verpächter wird ein langes und kameradschaftliches Verhältnis zu amtlichen Entscheidungsträgern nachgesagt. Vielleicht wurde er unter Druck gesetzt und vor den Wagen gespannt, um das prosperierende Stadtamhof in seiner Außenwirkung abzuwerten, weil: Wie steht das „alte" Regensburg (in den Grenzen des römischen Legionslagers aus dem 2. Jahrhundert) im direkten Vergleich da, wenn hier jede Woche ein gastronomischer Betrieb den Löffel abgibt, in Stadtamhof dagegen seit der Eingemeindung am 1. April 1924 alles wie am Schnürchen läuft? Wahrscheinlich war ein Komitee aus Krisenmanagern zusammengetreten, eine Task-Force zur Beseitigung imageschädigender Wirtschaftlichkeitsverhältnisse. Haupttagesordnungspunkt wird die Bestimmung eines möglichst miserablen Gaststättennamens für eine Stadtamhofer Lokalität gewesen sein. Vorschläge wie „Zum schmierigen Leberkaseck" oder „Schnarchzapfige Donaualm" werden zur Diskussion gestanden haben, bevor man sich einstimmig für „Bruckmandl" entschied, weil der Name nach Expertenmeinung das größte Potential hatte, mediterrane Feinschmecker abzuschrecken. Der gerissene Plan ging auf. Gute Leute.

Die Steinerne Brücke übernahm seit jeher lebenswichtige Funktionen für die Bürger der Stadt. Ohne sie wären beispielsweise die beiden Biergärten „Alte Linde" und „Spitalgarten" nur für gute Schwimmer eine Option, dort einen entspannten Abend mit Domblick zu verbringen. Sogar nur für sehr gute Schwimmer. Denn in unmittelbarer Nähe der Brücke gurgelt ein hochgefährlicher Strudel. Ihn zu überwinden, stellt sogar Hawaii-Triathlon-gestählte Athleten und Indochina-erprobte Armee-Kampfschwimmer vor unlösbare Probleme.

Bereits aus dem späten Mittelalter sind Lieder überliefert, welche die Fährnisse des Strudels mit wehklagenden Worten besingen.

Wenne wer einnest zou Regensburg koman,
tuet nit wollan de Donau drin schwoman,
tuet nit springan in disse Fluten,
habet vill Furchete, zaiget nit Muten.
Wackerlik Mannen in Wellan diaf sunkan.
Frouwen an Ufern diaf drauerig wunkan.
Dousende habet das Schtrudal fest packet
an Fiassen untan, hint an de Gnacket,
diafter no diafter, weit zogan bis untan,
wo Schwaifel von Daifel hot grauselik stunkan.

Es gilt zu beachten, dass keines dieser Klage-Lieder vor dem 12. Jahrhundert datiert ist, was grundsätzliche Fragen aufwirft: Gab es einen Strudel vor der Steinernen Brücke und gäbe es auch einen Strudel, wenn die Steinerne Brücke nicht gebaut worden wäre? Hierüber erteilt die sogenannte Stadtsage unmissverständlich Auskunft: Am lauen Sommerabend des 18. Juni im Jahre 1135 saßen zwei Männer in der Wurstkuchl zusammen. Damals hieß sie noch nicht Historische Wurstküche, weil es sich erstens noch nicht um den heute weltbekannten steingemauerten Bau am Donauufer handelte, sondern um eine windige Bretterbude, und zweitens etwas nicht „historisch" genannt werden darf, wenn es erst am Vortag aus angeschwemmtem Treibholz zusammengezimmert worden ist. Ihrer Kleidung nach zu urteilen, waren sie keine Tagelöhner oder Bettler, sondern gehörten einem angesehenen Berufsstand an. Die Wurstkuchl hatte kurz nach ihrer Eröffnung lediglich einen Gästetisch, was die beiden unweigerlich zusammenführen musste und, wie sich später herausstellte, als schicksalshafte Fügung in die Stadtgeschichte eingehen sollte.

Jeder bestellte sich ein Dünnbier, das in zweihenkeligen Holzbechern gereicht wurde, und 12 Bratwürste auf Kraut. Während des

Essens sprachen sie nicht miteinander, obwohl sie sich direkt gegenübersaßen. Erst als der Wirt mit den fünften Holzhenkelbechern an den Tisch trat und fragte, ob es ihnen denn „geschmaket" habe, zeigten sie sich redselig. „Perfektissimo", meinte der eine, etwas mehr Kümmel könne die Bratwurst vielleicht vertragen – das müsse aber nicht unbedingt sein. Der andere nickte zustimmend und sagte: „Aus wirtschaftlicher Sicht sollten Sie die Bratwürste kürzer und dünner machen und für den doppelten Preis verkaufen, damit Sie einen guten Schnitt machen. Stellen Sie sich vor, irgendwann sitzen an gleicher Stätte nicht nur wir zwei, sondern tagtäglich Hunderte von Leuten, die mit Segel- und Ruderbooten die Donau herunter und herauf kommen und direkt hier anlegen. Die Leute haben Hunger. Denen ist es egal, ob die Wurst einen oder fünf Kreuzer kostet. Auswärtige kennen die Regensburger Währung nicht. Sie wissen nicht, wie viel ihre Dukaten, Taler, Groschen und Schillinge hier wert sind. Außerdem haben sie mit der Wurstkuchlbratwurst ein hervorragendes und, was noch wichtiger ist, ein unvergleichliches Produkt kreiert. Die Gäste können nicht beurteilen, wie viel die Wurst kosten darf, weil ihnen der direkte Vergleich fehlt. Sie zahlen, was verlangt wird. Hauptsache, es schmeckt. Und das ist das Wichtigste. Schmecken muss die Wurst. Wenn die Wurst nicht schmeckt, können Sie alles vergessen, was ich vorher gesagt habe. Aber da bin ich unbesorgt. Ich fand sie delikat, außer, wie der Herr eben bereits erwähnte, dass eine zusätzliche Prise Kümmel den Geschmack eventuell noch abrunden könnte." Jetzt nickte der andere.

Der Wirt stammte aus einfachen Verhältnissen. Noch nie hatte er so lange Sätze gehört. Was, wenn alle Gäste so anstrengend sein würden? Auf seine Frage, ob es denn geschmaket habe, hatte er ein simples „ja" erhofft. Er hätte abkassiert, hätte sich selbst noch ein Holzgefäß gegönnt und wäre dann zufrieden nach Hause gewankt. Nein. Schluss. Morgen würde er sich wieder das rechte Bein nach hinten binden und sein Geld rechtschaffen mit einer rührseligen Geschichte verdienen, in der dreizehn hungrige Kinder, die Rettung Regensburgs und ein heldenhaft gegen die feindliche Übermacht kämpfendes Großfamilienoberhaupt vorkamen. Er verabschiedete sich von den Herren und meinte, sie könnten sich gern selbst bedienen, was diese bis in den grauen Morgen hinein auch taten. Gegen 3 Uhr entspann sich folgender Dialog:

„Wir haben uns noch gar nicht vorgestellt. Gestatten, Baumeister Erminold. Ich bin gerade dabei, das imposanteste Bauwerk Regensburgs fertigzustellen."

„Pontius, mein Name, sehr erfreut. Ebenfalls Baumeister. Aber, wenn mir die Frage erlaubt sei, woran arbeitet er gerade und welches Bauwerk soll seiner Meinung nach das großartigste in dieser Stadt werden?"

„Der Dom, mein Lieber."

„Ha, möge er verzeihen, dass ich schmunzle. Eine aufgeblasene Kirche! Was macht das für einen Sinn? Haben wir nicht schon genug davon? Und – sei er sich selbst ehrlich – eine lapidare Monsterkapelle ist von den baumeisterlichen Anforderungen her nicht zu vergleichen mit einem grandiosen Brückenbauwerk. Eine Brücke verbindet Ufer, Menschen und Welten. Sie fügt zusammen, was zusammengehört. Ich werde in kürzester Zeit eine Brücke errichten, die, könnte man sie aus der Horizontalen in die Senkrechte kippen, fast dreimal so hoch wäre wie das Dömchen, das er zu bauen gedenkt."

Der Streit eskalierte. Sie warfen sich zeitgemäße Schimpfwörter (Galgenschwengel, Puderarsch, Lauskrodd, Hundfot) an den Kopf und bezichtigten sich gegenseitig der absoluten Inkompetenz im Fachbereich Architektur. Schließlich mussten sie einsehen, dass es keinen wirklichen Gradmesser dafür gab, wer denn nun der Bessere ist. Gut oder schlecht: alles Ansichtssache.

„Aber die Zeit, die ist messbar", entflammte der Brückenbaumeister einen erneuten Streit darüber, wer der Schnellere von ihnen sei. Die auch heute noch weitverbreitete Selbstüberschätzung von Architekten verhinderte eine gütliche Lösung. Jeder Streit zwischen Hufschmieden, Bauern, Badern, Tischlern oder Pfarrern hätte mit einem

„Ist doch wurst, komm, gehen wir heim, ich muss morgen arbeiten!“ geendet. Nicht so bei Erminold und Pontius.

„Wetten, dass meine Wenigkeit ihre zukunftsweisende Brücke früher fertig hat als er seine muffige Kapelle!“

„Nie im Leben wird ihm dies gelingen. Darauf verwette ich mein holdes Weib.“

Pontius wollte sich nicht darauf einlassen, da er Erminolds Gattin nicht persönlich kannte, und davon ausging, dass eine attraktive, charakterlich gefestigte Frau sich nie mit so einem Widerling eingelassen hätte. Also einigten sie sich darauf, dass der Verlierer seinen Beruf aufgeben, bis an sein Lebensende die Wurstkuchl bewirtschaften und den Gewinner frei verköstigen müsse, wann immer dem der Sinn nach einer Bratwurst oder einem Bier stünde.

Der Wettstreit konnte beginnen. Monat um Monat verging. Pontius nächtigte während der gesamten Bauzeit in einer Unterkunft, die auf dem Gelände des heutigen Hauses Heuport stand. Ein sauberes Zimmer, das sein Auftraggeber Bayernherzog Heinrich der Stolze bezahlte, ein wanzen- und flohfreies Bett, eine adrette Herbergsmutter: alles schön und gut. Nur fiel sein erster Blick nach dem Aufwachen allmorgendlich auf die Dombaustelle, die sich lediglich 60 Klafter entfernt befand. Der Dom wuchs und wuchs, während sein Brückenprojekt schwere Rückschläge einstecken musste. Holzgerüste wurden weggeschwemmt, fleißige Arbeiter zwischen den tonnenschweren Steinquadern zermahlen. Andere ertranken oder starben infolge infektiöser Peitschenhiebwunden am Eiterfieber. Seine Zweifel wurden immer stärker. Musste er sich geschlagen geben? Hätte er nicht doch lieber die Frau des Dombaumeisters als Wetteinsatz akzeptieren sollen? Hätte er die Frau bekommen, falls er gewonnen oder falls er verloren hätte? Alles drehte sich. Morgen wollte er hinübergehen, sich vor Erminold auf die Knie werfen, um Verzeihung bitten und eingestehen, dass er verloren habe, dass er eine absolute Null sei und dass er sein Diplom gefälscht habe, weswegen er auch nicht genau wisse, wie sich die statischen Eckwerte errechnen lassen, und dass ihm wohl deshalb der erste Brückenbogen bereits zum siebten Mal zusammengekracht sei. Oder sollte er sich lieber umbringen? Ja. Dies schien ihm der bessere, weil mit weniger Qualen verbundene Weg. Gerade als er sich den Inhalt der Nachttisch-Öllampe über den Kopf schütten wollte, stand wie aus dem Nichts eine furchterregende und impertinent stinkende Gestalt im Raum. Hörner, gespaltene Hufe und Schwanz mit Quaste ließen keine Zweifel zu, um wen es sich handelte. Trotzdem traute Pontius seinen Augen nicht. Mit lautem Geschepper fiel die Lampe auf den Steinboden.

Der Gehörnte: „Wozu der Lärm? Ich salutiere den gelehrten Herrn."

Pontius: „Wie nennst du dich?"

Der Gehörnte: „Die Frage scheint mir klein für einen, der den Dom so sehr verachtet. Der, ungelehrt und nur zum Schein, nach Perfektion und Güte trachtet."

Pontius: „Dies und das und falls und wenn. Nun gut. Wer bist du denn?"

Der Gehörnte: „Ein Teil von jener Kraft, die stets das Böse will und stets das Gute schafft."

Das hatte Pontius schon einmal irgendwo so oder so ähnlich gelesen. Ihm fiel zwar nicht mehr ein, wo, aber die Glaubwürdigkeit einer Aussage steigt mit der Häufigkeit, in der sie einem präsentiert wird. Der gute Mann schien vertrauenswürdig zu sein. Er hatte einen Business-Plan und konnte sich gut ausdrücken:

„Dein zu sein, auf der Stelle.
Ich bin dein Geselle
und, mach' ich dir's recht,
bin ich dein Diener, bin dein Knecht!"

Er schlug Pontius vor, ihn beim Brückenbau zu unterstützen. Wenn er einem Deal zustimmte, versprach er, würde Pontius die Wette gewinnen.

Pontius: „Und was soll ich dagegen dir erfüllen?"

Der Gehörnte: „Im Stillen verrate ich dir meinen Willen.
Drei Seelen will ich mir erkaufen,

die über deine Brücke laufen.
Doch will ich nur die ersten drei,
du und die andren, Ihr seid frei."
Was hatte Pontius zu verlieren? Er glaubte eh nicht, dass er Erminolds Vorsprung noch einholen könnte. Von daher war es egal, welchen Pakt er mit dem Teufel geschlossen hatte.

Als Pontius am nächsten Morgen um 7:30 Uhr zur Brückenbaustelle kam, traute er seinen Augen nicht. Der Gehörnte hatte einen Bautrupp mit den besten Leuten, die er aufbieten konnte, zusammengestellt. 6 von den 7 Fürsten der Todsünden standen mit ledernen Flügeln und nagelneuen Arbeitshandschuhen am Donauufer. Mammon, Luzifer, Asmodai, Leviathan, Beelzebub, Satan. Lediglich Belphegor, der Fürst der Faulheit, war nicht mitgekommen. Der Teufel hatte vorsorglich Belial, den Fürsten der Falschheit und Lüge, angewiesen, die Pläne der Römerbrücke in Trier zu stehlen, weil er wusste, dass Pontius von Tuten und Blasen keine Ahnung hatte. Er war lediglich als Baumeister beauftragt worden, weil er das günstigste Angebot abgegeben und dem Entscheidungsgremium vorgegaukelt hatte, er besäße mehrere Villen in der Toskana, die er den Räten gratis als Alterswohnsitz zur Verfügung stellen wollte.

Mit einem „Los geht's, Männer!" startete Pontius die Aufholjagd. Die Helfer legten sich höllisch ins Zeug, warfen sich über 50 Meter Entfernung riesige Steinquader zu, flogen in einem Tempo über die Donau, dass diese wie kochendes Wasser aufbrodelte. Gerüste waren nicht nötig, da die Fürsten mit ihren muskelbepackten Armen abwechselnd die Bögen von unten stützten, während die anderen Felsblock um Felsblock aneinanderfügten. Um 14:30 war die Steinerne Brücke fix und fertig. Der Gehörnte selbst wollte sich die Bauabnahme nicht nehmen lassen. Er flog die Brücke entlang und spie dabei Feuer, um den Mörtel auszuhärten. Schließlich wies er an, dass schon tags darauf die feierliche Eröffnung stattfinden solle. Erminold, der alles vom Baugerüst des halbfertigen Doms aus beobachtet hatte, traute seinen Sinnen nicht. „Wahrlich, das schönste Bauwerk, das meine Augen je erblickten“, entfuhr es ihm. Er kletterte das Gerüst hinab und machte sich gen Westen auf, zum Ruozanburgtor. Während fast überall in der Stadt die Erde zäh und lehmig war, gab es am Ruozanburgtor lockeren Sandboden. Ideale Voraussetzungen also für den vormaligen Wurstkuchlwirt, eines seiner Beine darin zu vergraben. Das Nachhintenbinden hatte bei ihm so schwere Durchblutungsstörungen verursacht, dass man ihm sein Bein fast wirklich hätte abnehmen müssen. Bereitwillig gab dieser den Schlüssel für die Wurstkuchlbude heraus, nachdem Erminold ihm verschiedene Bestrafungsmethoden veranschaulicht hatte, die bei Vorspiegelung falscher Gliedmaßen-Tatsachen angewendet wurden.

Pontius konnte sich nicht richtig über die gewonnene Wette freuen. Er war erschöpft und müde. Früh ging er zu Bett. Die Sonne warf ihre letzten Strahlen auf die Dombaustelle und tauchte sie in ein warmes, doch düsteres Abendlicht. Wieder kroch beißender Schwefelgestank unter der Tür und durchs Schlüsselloch ins Zimmer.

Pontius: „Es klopft? Herein! Wer will mich wieder plagen?“

Der Gehörnte: „Ich bin’s.“

Pontius: „Das rieche ich. Ihn mag ich nicht ertragen.“

Der Gehörnte: „Mein Auftrag, den ich wohl vollbracht, führt mich zu deinem Bette und unsere Wette. Nur noch eine Nacht. Dann rennen mir drei deiner Seelen, die wahrlich mir schon heute fehlen, auf der Brücke in die Arme.“

Pontius: „Warum musst du mich so quälen?“

Der Gehörnte: „Weil es Spaß macht. Gute Nacht!“

Als der Rauch sich verzogen hatte, klopfte es erneut. Amalie, die Herbergsmutter, trat barfuß und im leichten Leinen-Nachthemd ein, so wie jede erste Freitagnacht im Monat, wenn ihr Gatte nach Abensberg zum Zweitages-Spargelmarkt gefahren war.

„Du siehst traurig aus, Ponti. Soll ich dich aufheitern?“ Sie ließ das leichte Gewand vom Körper gleiten und legte sich zu ihm. Obwohl er ihre samtweiche, makellose Haut, ihre festen, fast jugendlich wirkenden Brüste und die wohlige Wärme, die sie mit ins Bett brachte, zu schätzen wusste, stand ihm der Sinn nicht nach derlei Vergnügen.

„Was hast du denn?"

Pontius erzählte ihr mit Tränen in den Augen die ganze Geschichte. Auch von seinem schlechten Gewissen wegen der drei Seelen, die er an den Teufel verschachert hatte. Die ersten drei Menschen, die morgen die Brücke betraten, müssten ewige Qualen in der Hölle erleiden und er allein sei schuld daran. Amalie war eine findige Frau, die nicht ohne Grund die umsatzstärkste Beherberbungsstätte der Stadt betrieb. Sie hakte ein, ob der Teufel denn ausdrücklich eine Menschenseele gefordert habe. Andernfalls könne man sich ja etwas überlegen.

„Ach Amalie, es hat doch keiner eine Seele außer dem Menschen."

„Meinst du? Hast du schon eine Menschenseele gesehen? Ich nicht. Nächste Frage: Existiert etwas, das man nicht sehen, riechen, hören oder betasten kann?"

„Weiß nicht."

„Eben. Wenn die Seele etwas ist, was man nicht nachweisen kann, ist es doch egal, ob sie in einem Menschen oder in einem Tier nicht existiert. Falls es sie aber doch beim Menschen gibt, kann sie folglich auch einem Tier innewohnen, weil Nicht-Nachweisbarkeit nicht unbedingt ein Beweis für Nicht-Existenz sein muss."

„Ist mir zu hoch. Was soll das heißen?"

„Morgen wollte ich zu Mittag zwei Hühnchen braten. Lassen wir sie leben und jagen wir sie einfach als erste über die Brücke."

„Hast du keine drei?"

„Nein, aber unser Lumpi hat mich heute in die Wade gebissen. Schau her! Den kann meinetwegen auch der Teufel holen."

Obwohl an Amalies flaumhaariger Wade nur ein kleiner roter Punkt und der auch nur, wenn man ganz genau hinschaute, zu sehen war, beschlossen sie einvernehmlich, dass der gemeingefährliche Hund kein besseres Ende verdient hätte.

Bald nachdem eine regionale Schalmei-Gruppe die Brückeneinweihung musikalisch eröffnet hatte, durchschnitt der stellvertretende Hofkanzler das weiß-rot betünchte Schafwollband. Pontius öffnete den Holzkäfig, aus dem das Federvieh flatterte. Lumpi bellte und lief hinterher. Der Teufel stand mitten auf der Brücke, packte die drei an den Krägen und sprang über das Brückengeländer in die Donau. Erst daheim in der Hölle merkte er, dass er getäuscht worden war. Er tobte vor Wut, bohrte sich aus dem 6.000 Grad heißen Erdkern spiralförmig nach oben, schoss in Cern-Teilchenbeschleuniger-Geschwindigkeit aus der Donau und verdampfte an der Wasseroberfläche. Aufgrund seines psychischen Ausnahmezustands hatte er die Reibungshitze beim Eintritt in die oberirdische Atmosphäre unterschätzt. Die extreme Drehbewegung und das lichtgeschwindigkeitsnahe Tempo, das der Teufel zwischen Flussbett und Wasseroberfläche erreicht hatte, verursachte neben der Brücke eine bedrohlich gurgelnde Strömung. So, liebe Kinder, entstand der gefürchtete Strudel, welcher die Donau bis in die heutige Zeit hinein zu einem der gefährlichsten Schifffahrts- und Badegewässer weltweit machte.

Noch immer stehen wir am Ausgangspunkt unseres Rundgangs, dem Brücktor neben dem Salzstadel. Er wurde 1616 bis 1620 erbaut. Was mag in diesem beeindruckenden Gebäude früher gelagert worden sein? Genau. Noch heute erinnert das Bereitstellen von Salz- und Pfefferstreuern auf den Tischen des Cafés im Erdgeschoss wenigstens zur Hälfte an die ursprüngliche Nutzung. Der einträgliche Salzhandel war 1614 vom Herzogtum Bayern wieder in die Hände der Stadt Regensburg zurückgegeben worden. Dass kaufmännische Interessen schon damals weit über ästhetischen und denkmalpflegerischen Belangen standen, zeigt sich daran, dass dem Bau des Salzstadels einer der ursprünglich zwei Original-Brückenbögen zum Opfer fiel. Heute dient der wuchtige Bau hauptsächlich als Sicht- und Geruchsschutz zur Historischen Wurstkuchl hin. Die Abschottung von der Steinernen

Brücke gilt als unerlässlich, weil die Gäste-Kapazitäten der Wurstkuchl fortwährend an ihre Grenzen stoßen. Kämen die Besuchermassen, die sich täglich über die Steinerne Brücke wälzen, noch hinzu, bedeutete dies das sichere Ende der unersetzlichen Bewirtungs-Institution. Die Aufgabe des Stadels als Sichtschutz kann als sekundär betrachtet werden. Es ist dieser unvergleichliche Duft, der eine existentielle Gefahr für die Passanten darstellt. Die gebratenen Würste verströmen einen Wohlgeruch, der bei jederfrau und jedermann, Alt und Jung, Dick und Dünn, Groß und Klein, Schön und Grottenolmig einen Großteil der Hirnfunktionen temporär lähmt und die Menschen wie willenlose, von unsichtbaren Fäden gezogene Marionetten in Richtung Wurstkuchl tapsen lässt. Steht der Wind ungünstig, werden an der Ostseite des Salzstadels riesige leistungsstarke Ventilatoren angebracht, welche der duftgeschwängerten Luft entgegenblasen, zum Schwarzen Meer hin, wo sie kein Unheil mehr anrichten kann.

Wohl dem, der die Wurstkuchl noch nie gerochen hat. Alle anderen verfallen bedingungs- und hemmungslos der Begierde nach Bratwurst, Kraut, hausgemachten Senf und Kipferl. Als Hausregel gilt: Sechs sind besser als vier und acht sind besser als sechs. Da die Wurstkuchl auf der Beliebtheitsskala an erster Stelle weit vor Dom und Steinerner Brücke steht, haben die Betreiber in enger Zusammenarbeit mit dem Wasserwirtschaftsamt einen Notfallplan ausgetüftelt, der sich seit den Nachkriegsjahren bewährt. Das Wurstkuchlpersonal verfügt über hochempfindliche Sensoren, wann und wodurch es zu einer irreversiblen Überlastung ihres Hauses kommen könnte. Besondere Gefahrenmomente bilden dabei innerstädtische Festivitäten, der Beginn der Kreuzschifffahrtssaison und Ferientage mit mehr als sechs Sonnenstunden. Steht ein derartiges Ereignis bevor und schlagen gleichzeitig die Katastrophenfühler des Wurstkuchlpersonals Alarm, tritt der geheime Notfallplan in Kraft. Der über dem Kipferlkorb angebrachte rote Buzzer wird gedrückt. Auf allen PCs der Stadtverwaltung und des Wasserwirtschaftsamtes blinkt giftgrün das Wort „Wurstkuchl-Alarm“ auf. Der Leiter des Wasserwirtschaftsamtes nimmt den Alukoffer aus dem Safe, kettet ihn ans Handgelenk und fährt mit Baulicht-Eskorte ins Rathaus. Dort wartet das Stadtoberhaupt bereits mit dem zweiten Alukoffer im fensterlosen, schallgedämmten Safe-Room. Der Wasserwirtschaftsmann nennt das vereinbarte Codewort. Ist es korrekt, reagiert das Stadtoberhaupt mit einer Codewort-Bestätigung darauf. Jeder Schritt muss bis ins kleinste Detail stimmen. Ein Versprecher, sogar schon eine falsche Betonung der vereinbarten Begriffe könnte verheerende Folgen haben. Der Zeitdruck wächst. Zügig, aber nicht übereilt öffnen sie parallel ihre Koffer. In einem liegt ein USB-Stick, im anderen ein Zettel mit dem Passwort, der das Programm auf dem Stick freischaltet. Der Stick wird in den fest in der Stahlbetonwand verschweißten Hochsicherheitsrechner gesteckt, das Passwort eingegeben. „Action completed“ erscheint auf dem zündholzschachtelgroßen Schwarzweiß-Display. Drei Sekunden später öffnen sämtliche Wehre donauaufwärts ihre Schleusen. In Riedenburg, Kelheim, Oberndorf, Matting, Regenstauf, Nittenau, Roding, Kallmünz und Lappersdorf werden aus gigantischen unterirdischen Behältern durch Vier-Meter-Querschnittrohre Unmengen von Wasser in die Donau und ihre Zuflüsse gepumpt. Die Nachrichtensender werden informiert. Unter dem Titel „Neues Jahrhunderthochwasser bedroht Regensburg“ verlassen vorgefertigte Artikel auf schnellstem Wege die zuständigen Pressestellen. Nichts bleibt dem Zufall überlassen. Dann endlich, 18 Stunden später, schwappt die Donau über die Ufer bis zur Thundorfer Straße hinauf. Die Wurstkuchl steht unter Wasser und darf aufgrund höherer Gewalt auf unbestimmte Zeit geschlossen bleiben. Das Ziel ist erreicht, die Bedrohung abgewendet. Die Beteiligten können sich zurücklehnen und in aller Ruhe überlegen, wann es Sinn macht, sie wieder fürs Publikum zu öffnen. Der Andrang am ersten Tag wird unbeschreiblich sein.

Auch um die Wurstkuchl ranken sich viele mehr oder weniger glaubwürdige Entstehungsgeschichten. Eine wurde mit der feindlichen

Übernahme der Würstelbude durch den Dombaumeister bereits ausführlich dargestellt. Eine andere besagt, dass die angeblich älteste Bratwurststube der Welt im ersten Drittel des 12. Jahrhunderts als Baubüro für die Steinerne Brücke direkt an der Stadtmauer errichtet wurde. Erst als die Bauarbeiten beendet waren, sei daraus der Gastronomiebetrieb „Unter den Kranchen" entstanden. Der Name „Kranchen" verweist auf die Kräne, die unter den reichen Handelspatriziern zur Verladung verschiedenster Waren am Donauufer standen. Durstige, trinkfeste Hafenarbeiter waren die Stammkundschaft des Wurstkuchl-Vorläufers. Auch die Domhandwerker und ihre Helfer stärkten sich mit Speis und Trank beim Kranchen. Zu dieser Zeit wurden jedoch noch keine Würstl auf dem Grill gewendet, sondern hauptsächlich gesottenes Huhn und Schwein kredenzt. Im 14. Jahrhundert hätte das Kranchen aufgrund einer Umsatzdelle fast wieder schließen müssen. Den Gasthäusern in der Stadtmitte waren dessen florierende Geschäfte ein Dorn im Auge. Also streuten sie das Gerücht, dass die Rattenpopulation um die Hälfte gesunken sei, seit das Kranchen gegartes Fleisch anbot. Anfangs schien es, als würde der arglistige Plan der Innenstadt-Gastronomen aufgehen. Das Gerücht verbreitete sich in Windeseile und viele zartbesaitete Fleischesser mieden das Kranchen. Dann die Wende: In zahlreichen europäischen Hafenstädten hielt die Pest Einzug. Gevatter Tod schwang grinsend die Sense. Ein heute nur noch bruchstückhaft erhaltenes Vertragswerk, das bei Umbaumaßnahmen im 19. Jahrhundert entdeckt wurde, lässt Rückschlüsse darauf zu, dass zwischen der Garküche „Unter den Kranchen" und der Patrizier-Ratisbonensis-Import-und-Export-Gesellschaft (PRIEG) eine Abmachung mit Stillhalteklausel bestand, die das umfängliche Abfangen von Ratten auf anlandenden Schiffen zum Zwecke der gastronomischen Verwertung regelte. Das Kranchen leistete damit einen unschätzbaren Dienst, die massenhafte Ausbreitung der pestinfizierten Nager auf dem Regensburger Festland einzudämmen. Angesichts und eingedenk dieser gesundheitspolitisch bedeutsamen Ereignisse nennt man in Regensburg Eintopf, dessen Zutaten nicht eindeutig identifizierbar sind, „Ratatouille".

Schlendern wir nun die Donau entlang stromabwärts. Am gegenüberliegenden Ufer machen wir ein romantisch wirkendes Ensemble aus Häusern, Vorgärten und Mühlrädern aus. Märchenhaftes Regensburg. Wir richten den Blick wieder nach vorne und meinen in der Ferne einen Blechverschlag zu erkennen. Es könnte ein Geräteschuppen oder eine Wellblechgarage sein. Lediglich die Größe irritiert. Je näher wir kommen, desto monumentaler wirkt die mausgraue Fassade des Gebäudes. Aus der Wellblechgarage wird ein Wellblech-Parkhaus. Oder doch nicht? Endlich, als wir die Stufen vom Kai hinauf zur Eisernen Brücke bewältigt haben, erschließt sich uns das Geheimnis. „Haus der Bayerischen Geschichte" prangt in großen Lettern über dem Eingang. Eine sehr geglückte Namensgebung im Sinne von Nomen est Omen. Denn blickt man in die Bayerische Historie der Orts- und Landschaftsverschandelung zurück, bildet das Haus der Bayerischen Geschichte auch hierfür ein leuchtendes Beispiel. Den Betreibern sei zugestanden, dass sie das monströse Bauwerk strategisch ideal platziert haben. Den mit Kreuzfahrtschiffen anlandenden Regensburg-Besuchern wird nämlich der Blick auf die ehemals prägende Regensburger Silhouette mit Dom und Patriziertürmen verwehrt. Sie wird ihnen zugunsten des HdBG vorenthalten. Statt entspannt in die Altstadt zu flanieren, wird der Tourist vom breiten, ebenerdigen Maul des Museums eingesaugt und darf dort Stunde um Stunde mit Brunzkrachlederhosen und FCB-Wimpel-Sammlungen verbringen. Er erhält einen Einblick in das schrecklich wahre Bayerntum. Weil sein Dampfer schon um 17 Uhr wieder ablegt, kauft der Passagier sich im Museumsshop noch eine DVD mit 3.000 hochauflösenden Regensburg-Fotos und Full-HD-Video, die er stolz zu Hause herzeigen kann. Der Gerechtigkeit halber sei erwähnt, dass die Meinungen über die ästhetische Qualität des Hauses der Bayerischen Geschichte weit auseinandergehen. Die einen finden es lediglich potthässlich, andere meinen, es wäre zudem extrem überdimensioniert. Das verantwortliche Architekturbüro wehrt sich bis heute vehement gegen das Gerücht, dass ein Praktikant beim Ausdruck der verbindlichen Baupläne versehentlich die 30-%-Vergrößerungsfunktion aktiviert haben soll.

DIE 10 WICHTIGSTEN REDEWENDUNGEN

Verliert ein Auswärtiger in Bayern die Orientierung oder seine Gruppe, kann dies in einigen abgelegenen Gegenden sein vorzeitiges Ableben bedeuten. Der freilaufende Wolf und der Bayerwäldler sind die natürlichen Feinde des von der Herde getrennten Nicht-Bayern. Fragt dieser zum Beispiel im Lamer Winkel nach dem Weg, der Uhrzeit oder einem Glas Wasser, wird man ihn nicht verstehen bzw. so tun, als verstehe man ihn nicht. Falls in Ausnahmefällen doch eine Erwiderung folgt, wird der Nicht-Bayer die Antwort zwar akustisch wahrnehmen, aber nicht entschlüsseln können. Diese gut gemeinte Warnung sei sicherheitshalber vorangestellt. Nachfolgende Liste von Redewendungen und Geflügelten Worten bilden in dichter besiedelten Landstrichen wie Regensburg eine nützliche Handreichung zum besseren gegenseitigen Verständnis. Wer diese Wortfolgen sinnvoll und richtig ausgesprochen in seinen Sprachfluss einbaut, wird das Wunder der regensburgerischen Warmherzigkeit, Gast- und Menschenfreundlichkeit am eigenen Leib erfahren. Gegenden außerhalb der Stadtmauern, in denen der Zwielaut Ou die Vokale O und U vollständig aus dem Sprachgebrauch verdrängt hat, sind zu meiden. Gleiches gilt für Dialektregionen, deren mündliche Kommunikation ohne Vokale oder ohne Mitlaute oder ohne beides auskommt.

Der Aufbau: Die Redewendung wird zunächst ins Englische übersetzt. Der Sinn besteht darin, dass bei internationalen Meetings oder gemischten Reisegruppen einfach mal nachgefragt werden kann, ob man alles richtig verstanden habe: „Means ‚You ugly cockclapper' really ‚Du Zipflklatscher, du greislicher'?" zum Beispiel. Darauf folgt die Erklärung mit Anwendungsbeispielen in Hochdeutsch, weil eine Eins-zu-eins-Übersetzung wie ins Englische nicht funktioniert.

Vom Boa weg = ***from the bone away***

Die Wortfolge wird oft mit dem Tätigkeitswort „spinnen" im Sinne von „einen an der Klatsche haben" kombiniert: Jemand spinnt vom Boa weg. „Boa" bezeichnet den Knochen. Er begegnet uns auch im „Boandlkramer", dem Knochenhändler, der niemand anderer als der personifizierte Tod ist. Er taucht in mystischen Erzählungen, Theaterstücken und Filmen wie „Der Brandner Kaspar und das ewige Leben" auf. Das Regensburger Figurentheater im Stadtpark hat dieses bayerische Volksstück als Marionettenspiel im Programm. Empfehlenswert.

Einfach übersetzen kann man „Vom Boa weg" mit „total". Dabei geht aber das eindrucksvolle Bild des kahlen Knochens verloren, von dem nichts Essbares mehr abzunagen ist. „Boa", Mehrzahl „Boaner/Boiner" und die Verkleinerungsform „Boandl/Boindl" veranschaulichen die Nähe des Bayerischen zum Englischen „Bone". Die Sprachverwandtschaft tritt in Wörtern wie „Foam" noch deutlicher in Erscheinung. Auf Bayerisch wie auf Englisch benennt „Foam" einen Schaum. In Bayern wird damit bevorzugt der Schaum auf einer Maß oder einer Halben Bier bezeichnet: „Des Bia hod an scheena Foam". In Großbritannien gibt es wenig schäumendes Bier, da der Brite Schaum als sinnlose Platzverschwendung im bis zum Rand gefüllten Pint-Glas betrachtet. Auch die Aussprache von Foam unterscheidet sich. Das Bayerische klingt im direkten Vergleich fast hochsprachlich, weil die Lautung sich an der Schreibweise orientiert. Das englische Foam spricht man „Foum", was wiederum an die Kou (Kuh), den Schou (Schuh), die Groum (Grube), den Boum (Jungen) und den anderen Boum (Baum) erinnert. Falls Sie verkatert aufwachen und Sie wissen nicht mehr, ob Sie in einem Weiler 100 Kilometer nördlich von Regensburg oder in London eingeschlafen sind, suchen sie den nächstgelegenen Show-Room auf. Bietet er keine Schuhe an, befinden Sie sich in England.

Hint heier wia vorn = *back too high and front too low*
Eine Wendung, die den Zustand oder den Vorgang beschreibt, wenn etwas außer Kontrolle gerät oder man etwas nicht billigend in Kauf nehmen will. Beispiel Mountainbiker auf einer abschüssigen Strecke: Vom Keilberg im Nordosten Regensburgs aus brettert er hinunter ins Donau-Tal. Die Bremsen versagen. Die Sachlage, dass das, was er hinter sich lässt, höher liegt als das, worauf er mit überhöhtem Tempo zurast, empfindet er als unangenehm. Es wird im eigentlichen und im übertragenen Sinne „hint heier wia vorn". Spaziert ein Tourist durch eine Regensburger No-Go-Area und hält ihm ein bis auf die Nasenlöcher ganzkörpertätowiertes Gangmitglied die Pistole an die Stirn, antwortet er am besten mit einem energischen „Jetzt wird's aber hint heier wia vorn!" Ausschlaggebend dabei ist, dass das „heier" nicht wie „higher" ausgesprochen wird, sondern mit einem dumpfen „ey" in der Mitte. Dieses Ey klingt nicht nur bayerisch, sondern auch nach Kriminellensprache (Ey, Alter, vagiss es, ey!). Der Gangster wird glauben, an den Falschen, nämlich an einen nicht zu unterschätzenden Einheimischen, geraten zu sein. Er wird die Knarre wegstecken, sich entschuldigen und mit seinem Ghettoblaster zurück zum Bustreff Albertstraße tänzeln.

An Noan gfressn = *eaten a fool*
Man hat an jemandem oder an etwas „an Noan gfressn", was heißt, eine Person oder eine Sache über die Maßen gern zu haben. Das geflügelte Wort geht auf den Betriebsausflug der ersten Düsseldorfer Berufskarnevalisten im Jahre 1826 zurück. Im Bestreben, die rheinische Fröhlichkeit nach Regensburg zu exportieren, stellten sie sich auf ihre Kutschen, fuhren damit vom Arnulfsplatz zum Kohlenmarkt und warfen mit Kamellen um sich. Das Verhalten der Jecken kam in

Regensburg schlecht an. Sie lachten auf offener Straße und warfen Lebensmittel weg, deren Haltbarkeitsdatum noch nicht überschritten war. Da die Hungersnot zu dieser Zeit groß war, ordnete der Magistrat an, die Ruhrpottler umgehend mit dem Tode zu bestrafen und von der Bevölkerung aufessen zu lassen.

Ob die Karnevalsgesellschaft noch rechtzeitig die Stadt verlassen konnte, oder ob das „Noanfressn“ wirklich stattgefunden hat, ist nicht überliefert. Das überwältigende Glücksgefühl jedoch, nicht mehr hungern zu müssen, hatte sich mit „an Noan gfressn“ sprachlich im Regensburger Vokabular niedergeschlagen und auf Dauer verankert.

Do brauchst koa Brülln = *no glasses necessary*

Wenn etwas so offensichtlich ist, dass jeder es ohne Sehhilfe deutlich erkennen kann, greift die Redewendung „Do brauchst koa Brülln“. Meist stellt sie die Antwort auf eine Entscheidungsfrage dar. Zum Beispiel, ob dieser oder jener Kommunalpolitiker wirklich ein intimes Verhältnis mit seiner Sekretärin angefangen habe. Die Antwort „Do brauchst koa Brülln“ bejaht dies nachdrücklich. Lautet die Antwort dagegen „Spinnt da Bäbbe oder rauchta Bipp“, stellt sich der Gefragte vehement auf die Seite des Volksvertreters. Wortwörtlich übersetzt ergibt „Spinnt der Bernhard oder raucht er Pfeife“ wenig Sinn. Da jedoch Pfeife rauchen aus gesundheitlicher Sicht ebenfalls eine rational nicht nachvollziehbare Handlung darstellt, kann dem die Bedeutung „Bist du total verrückt geworden?“ zugeschrieben werden. Eine mögliche Antwort darauf wäre wieder „Do brauchst koa Brülln“.

A Hund is er scho = *omg, he is a dog*

Hier handelt es sich um eine der vieldeutigsten bayerischen Redewendungen. Je nachdem, in welchem Zusammenhang und Tonfall sie geäußert wird, schwankt der Bedeutungsinhalt von abschätzig bis hochachtungsvoll. Treffen sich zwei Hundehalter und einer fragt, ob seine verlauste Promenadenmischung mit den frisch einparfümierten Königspudeln des anderen spielen dürfe, kann der Angesprochene sich mit „A Hund is er scho“ äußern im Sinne von: „Bei Ihrem Kläffer kann man wohl gerade noch von einem Hund sprechen, während meine Rassehunde dem aristokratischen Spitzensegment dieser Tierart angehören; ein gemeinsames Spiel kommt von daher keinesfalls in Betracht.“

Wird das Wort „Hund“ auf einen Menschen angewandt, vermutet man zunächst auch eine Beleidigung, wie andere Tierbezeichnungen (Schwein, Rindvieh) sie darstellen. Bei „A Hund is er scho“ ist das genaue Gegenteil der Fall. Jemandem wird Respekt gezollt, der es aus ethischer Sicht nicht verdient hätte. Lenkt der ehemalige Weltfußballer Diego Armando Maradonna den Ball mit der Hand ins Tor, bildet das einen klaren Regelverstoß. Dass er es nicht zugibt und in blasphemischer Weise behauptet, die Hand Gottes wäre im Spiel gewesen, macht den Vorfall moralisch noch verwerflicher. Dennoch prostet man sich auf den Fernsehsesseln und Kanapees respektzollend mit einem „A Hund is er scho“ zu. Ähnliches gilt für den gewieften Bankräuber, den Steuerhinterzieher und den Kunstfälscher.

Auch die Verkleinerungsform „A Hundling“ kann mit „is er scho“ kombiniert werden. Sie mindert jedoch keineswegs den Grad der Durchtriebenheit, die jemandem zugeschrieben wird. Der Hundling und der Hund befinden sich diesbzüglich auf gleichem Niveau.

Do wennst ma ned gangst =
there if you would not have went me

Mit dieser Redewendung nimmt man eine ablehnende Haltung ein. Sie wirkt geschmeidiger als „nein“ oder „nie“ und dabei verbindlicher, unumstößlicher. Die längere Form „Do damid wennst ma ned gangst“ lässt erahnen, auf welcher Basis sie entstand. „Damid“ meint „mit dem, was du mir anbietest oder mit dem, was du da sagst“.

Angenommen, ein wohlhabender Regensburger investiert einige Hunderttausende Euro in den örtlichen Fußballverein. Bald merkt er, dass er nichts von Fußball versteht und dass ihm das Spiel an sich nicht gefällt. Er fordert den Vereinspräsidenten auf, ihm das Geld zurückzugeben. Dieser antwortet mit „Do wennst ma ned gangst". Er will damit ausdrücken, dass der Sponsor unverrichteter Dinge wieder gehen solle (gangst). Eine Rückzahlung stehe nicht zur Debatte, weil er das Geld erstens nicht mehr habe und zweitens, falls er es noch hätte, nicht gewillt wäre, es zurückzuzahlen. Die mit der persönlichen Anrede verschmolzene Konjunktion „wennst" deutet darauf hin, dass es Folgen nach sich ziehen könne, falls der Bittsteller das Nein nicht akzeptiert. Eine unverhohlene Drohung, deren Inhalt offen bleibt und die deshalb umso furchteinflößender wirkt. Nach „Do wennst ma ned gangst" könnte theoretisch alles stehen. Von „..., stecke ich dem Finanzamt, woher das Geld ist" bis zu „..., hole ich Schorsch, den Schlitzer".

Beides hätte nicht annähernd die Wirkung wie die, eine Konsequenz in den Raum zu stellen, die sich die angesprochene Person selbst ausmalen muss.

Oane geht oiwai = *one leaves all the time*

Hier begegnet uns eine Kurzform mit hohem literarischen Anspruch. Die alliterativ verwendeten Wörter „Oane" und „oiwai" bilden eine Klammer um das mittige, trennend und zugleich verbindend wirkende „geht". Wer oder was geht? Oane, hochdeutsch eine. Wenn auf der Regensburger Dult oder bei anderen bayerischen Volksfesten das Wort „oane" fällt, ohne dass ein Hauptwort darauf folgt, bedeutet es immer „eine Maß Bier".

Nach „geht" erwartet man ein Verb, wie bei „Hans geht trainieren" oder „Mutter geht einkaufen". Überraschenderweise folgt hier ein „oiwai", also ein „immer" bzw. „allenthalben". Der bewusste Grammatikbruch lässt aufhorchen. Wohin geht die Maß Bier? Schließlich bedeutet „gehen", „sich in aufrechter Haltung auf den Füßen schrittweise von A nach B bewegen". Eine befriedigende Antwort wird auf den ersten Blick durch „oiwai" nicht gegeben. Genau darin besteht die Qualität, die sprachliche Reife dieser aufs Wesentliche reduzierten

Verszeile, die längst Einzug in den allgemeinen Sprachgebrauch gehalten hat. Der Leser respektive Hörer spürt, dass hier die Sinnfrage des Individuums (Oane) im ewigen und immer wiederkehrenden Lauf der Dinge (oiwai) thematisiert wird.

Im Hochdeutschen gibt es keine gleichwertige Entsprechung. Das oftmals angeführte „Eine geht noch rein" wirkt dagegen gossensprachlich, ordinär, profan. Wollte man die formalästhetischen Aspekte völlig vernachlässigen und sich ausschließlich auf den Inhalt beschränken, könnte man „Oane geht oiwai" umschreiben mit: „Auf jede gut eingeschenkte Maß Bier können beliebig viele weitere folgen, soweit es die körperliche, seelische und geistige Verfassung des Trinkenden und weitere Umstände wie Bierpreis, Stimmungslage, Verhältnis zum/r Lebenspartner/in, Koordinationsfähigkeit und der aktuelle Blasendruck zulassen."

Auf da Brennsuppn dahergschwumma = *swimming towards someone or something in a flamecovered soup*

Die Redewendung tritt fast ausschließlich in verneinter Form auf. „Jemand ist ned/nicht auf der Brennsuppe dahergeschwommen." Die Brennsuppe ist eine einfache Speise aus Wasser, Mehl und Milch. Sie galt lange Zeit als Arme-Leute-Essen. Im Rahmen der grassierenden Low-Carb-Ekstase verteuerte sich die Zubereitung um ein Vielfaches. Statt Weizenmehl wird Bambusfasermehl oder Lupinenmehl eingerührt. Kuhmilch wird durch Sojamilch ersetzt. So schmeckt die Supermodeldiät-taugliche Brennsuppe noch fader, kostet aber inklusive Amazon-Versandkosten das Hundertfache des Originals.

Egal ob klassische oder gepimpte Brennsuppe. Der Begriff ist negativ belegt. Kommt jemand mit einem Dreimaster über den Pazifik dahergesegelt oder mit seinem Jetski auf der Donau dahergeknattert, erntet er damit in gewissen Kreisen Anerkennung. Der Brennsuppenschwimmer jedoch ist so arm, dass das Gewässer, in dem er sich bewegt, nicht einmal über den Rand seines Suppentellers hinausreicht. Er wird nicht respektiert. Ihm werden die Erfahrung, Kompetenz und

Erfolgsorientierung abgesprochen, über die der Jetski-Pilot und der Segelschiffskapitän offensichtlich verfügen, da sie es zu etwas gebracht haben. Wer auf der Brennsuppe daher- oder dahinschwimmt, stellt keinen nennenswerten Aktivposten unserer sozialen Marktwirtschaft dar. Wer dagegen nicht auf der Brennsuppe dahergeschwommen ist, dem stehen alle Türen und Tore offen. Er ist klug, verfügt in vielen Bereichen über breit gefächertes und dabei tiefgreifendes Know-how und trifft richtige Entscheidungen. Kein Wunder also, dass wir Regensburger zu jeder passenden und unpassenden Gelegenheit betonen, dass wir nicht auf der Brennsuppe dahergeschwommen sind.

Do is da Hund vareckt = *Lumpi died at that rotten place*

Wieder entführt uns eine Formulierung in die Welt der Tiere. Wieder ist es das älteste Haustier und der treuste Weggefährte des Menschen, der Hund. Stirbt unser Hund, trauern wir um ihn. Muss er aber verrecken, wächst das Mitgefühl exponentiell, da das „Verrecken“ eine leidvolle, unwürdige Form des Sterbens darstellt. „Do is da Hund vareckt“ bezeichnet einen trostlosen Ort, an dem sich keiner aufhalten will, weil die dort herrschenden Bedingungen nicht einmal einem Tier zum Überleben reichen. Keine Nahrung, keine paarungswilligen Geschlechtspartner, kein Lob: Daran geht der Hund jämmerlich zugrunde. Ein Ort der Ödnis, egal ob für Hunde oder Menschen. So unwirtlich, dass sich niemand dort aufhalten mag. Warum hält sich dort niemand auf? Weil jemand ihn mit „Do is da Hund vareckt“ beschrieben hat. Ein Teufelskreis. Wer in einer Kneipe gesehen wird, in der „da Hund vareckt is“, stellt sich damit ins gesellschaftliche Abseits, verliert sein Ansehen bei Bekannten, Verwandten und Facebook-Freunden.

Viele Orte, an denen „da Hund vareckt is“, sind sofort als solche auszumachen. Sie werben mit bunten Schildern vor der Tür oder mit zu kleinen Anzeigen in regionalen Wochenblättern. Angebote wie „Happy Hour von 0–24 Uhr“, „Komasaufen für Anfänger“ oder

„Bulgarisches All-You-Can-Eat-Sushi zum halben Preis“ sollten die Alarmglocken bei all jenen schrillen lassen, die nicht an einem finsteren Hund-, Menschen- und Gott-verlassenen Ort ihr Leben aushauchen wollen.

Am Nackertn in Daschn langer =
pickpocketing a barely dressed man

Eine relativ junge Redewendung, die auf die mediale Freizügigkeit der 70er Jahre zurückgeht. Heiner Lauterbach, Senta Berger, Uschi Glas. Sie alle verdienten ihre ersten Schauspiel-Sporen mit Sexfilmchen, in denen sie, um dem Genre gerecht zu werden, nackt auftraten. Pionierarbeit dafür hatte bereits im Jahr 1951 Hildegard Knef mit dem Entblößen ihrer Brust geleistet. Auf dem Regensburger Rathausplatz kam es anlässlich der Aufführung des Knef-Streifens „Die Sünderin“ zur handgreiflichen und bewaffneten Auseinandersetzung zwischen Filmgegnern, Filmbefürwortern und der Polizei, wobei Stinkbomben und Wasserwerfer eingesetzt wurden. Oberbürgermeister Zitzler ließ das Publikum von einer Einsatztruppe mit Gewehren und Stahlhelmen aus dem Vorführsaal des Bavaria-Kinos drängen. Gut zwanzig Jahre später überschwemmten die sogenannten Lederhosenfilme, in denen mit und ohne Dirndl gejodelt, gejauchzt und gemolken wurde, unsere Kinos.

Als sich im Rahmen eines Regional-Castings der Nebendarsteller Karl im Heustadel über die fesche Vroni hermachen sollte, mussten die Probeaufnahmen unterbrochen werden, weil ein aufgebracht wirkender Mann aus dem heimischen Rotlichtmilieu das Set störte. Er forderte Karl mit vorgehaltener Pistole auf, seine Spielschulden sofort zu begleichen. „Am Nackertn kann ma ned in Daschn langer“, antwortete Karl unbeeindruckt, um sich dann gleich wieder Vroni und seiner künftigen Schauspielkarriere zuzuwenden. Ein Fehler.

„Einem nackten Mann in die Tasche greifen“ wurde bald auch im übertragenen Sinn gebraucht. Der Mann musste nicht unbedingt nackt sein, um ihm nicht in die nicht vorhandene Tasche greifen zu können. Die Nacktheit symbolisiert in diesem Zusammenhang die Abwesenheit finanzieller Mittel. „Am Nackertn in Daschn langer" bedeutet, wer nichts hat, dem kann nichts genommen werden. Schade, dass bei dieser inhaltlich richtigen Übersetzung die erotische Komponente und die beeindruckende Bildhaftigkeit des bayerischen Originalspruchs verloren gehen.

EIN SPANIER TAPEZIERT REGENSBURG

Ein Mittwochmorgen in den 1990ern. 7:30 Uhr. Es nieselte. Das Polizei-Sondereinsatzkommando stand in Mannschaftsstärke vor der Haustür. Nicht vor unserer. Vor der unserer Nachbarn. Ehrlich gesagt hatte ich das seltsame Pärchen schon immer für Terroristen oder zumindest für Sympathisanten terroristischer Vereinigungen gehalten. Aus der Zeit gefallene Werte-Verfechter der 68er-Generation. Kurz spielte ich mit dem Gedanken, mir ihr Haus unter den Nagel zu reißen, sobald sie nach ihrer Verurteilung zeitlebens hinter Gittern verschwunden sein würden. Ich wusste damals nicht einmal, ob sie einen, und falls ja, welchen Beruf sie ausübten. Dachte, dass sie mit der Aufrechterhaltung ihrer linksradikalen Zellen zeitlich nicht dazu in der Lage wären, einem ordentlichen Brot-Job nachzugehen. Ich hatte mich, wie ich später erfuhr, in ihnen getäuscht. Sie war diplomierte Sozialpädagogin und er Ingenieur am Bau. Bauingenieur also. Beide waren sie in der Kirchengemeinde der Pfarrei Kumpfmühl engagiert. Sie buk für das Pfarrfest jedes Jahr drei Käsekuchen und zwei Erdbeertorten. Der Erlös aus dem Verkauf kam hungernden Kindern in Afrika zugute. Er organisierte Kanufahrten und Spiele-Nachmittage für sozial benachteiligte Jugendliche. Als der Nachbar auch noch auf einem der hinteren Plätze der CSU-Kommunalwahl-Liste erschien, brach mein verschwörungstheoretisches Fantasiegebäude einer militanten kommunistischen Kleinst-WG krachend in sich zusammen.

Das Sondereinsatzkommando glich von der Bewaffnung und vom Vorsatz her einer mexikanischen Räuberbande, wie sie in Nachkriegswestern gerne galoppierend in friedliche texanische Kleinstädte eingefallen waren, um dort zunächst Angst und Schrecken zu verbreiten und dann ihr mittelamerikanisches Unwesen zu treiben. Die Nachbarin öffnete im Schlafanzug und mit zerzaustem Haar. Der Einsatzleiter hielt ihr einen Zettel, welcher wohl ein Durchsuchungsbeschluss war, unter die Nase und schob sie grob zur Seite. Sie stürmten das Nachbarhaus, wenn auch nur im gemäßigten Schritttempo. Der letzte Polizist zog die Tür sachte hinter sich zu. Eigentlich hätte ich längst unterwegs sein müssen. Eine wichtige Besprechung mit dem ehrenamtlichen Kulturreferenten der Gemeinde Hainsacker bezüglich einer Lesung zum 50-jährigen Bestehen der freiwilligen Feuerwehr war für 8:30 Uhr anberaumt. Und ich hatte mir noch nicht einmal die Zähne geputzt. Hinter den Fensterscheiben der Nachbarschaft wuchs die Zahl der Zuschauer rasch. Verwandte und Bekannte waren informiert worden. Wer wollte sich dieses spektakuläre Vorkommnis entgehen lassen, in einem Stadtteil, in dem die Mitgliederhauptversammlung des Schrebergartenvereins bislang das gesellschaftliche Jahres-Highlight dargestellt hatte. Ich rief in Hainsacker an und hüstelte kränklich eine Entschuldigung auf den Anrufbeantworter. Natürlich nicht, ohne einen Ersatzterminvorschlag mitzuliefern. Schließlich wusste ich von der 40-Jahr-Feier noch, dass die Lesung überdurchschnittlich gut besucht und bezahlt war. Essen und bis zu fünf Getränke frei. Ich zog mir die graue Weste über, legte das Paisleymuster-Kissen auf die Fensterbank und harrte der Dinge.

Oft ist es so, dass man, wenn man in eine andere Richtung schaut, etwas am Rande des Sehfelds zu erkennen glaubt. Konzentriert man sich dann auf das vermeintliche Geschehen, ist oder gibt es dort nichts mehr zu sehen. Bei mir war es ein Handgemenge, das ich hinter wehenden Gardinen im 1. Stock wahrgenommen haben wollte. Meiner Meinung nach mussten dies die Gardinen im Zimmer des pubertierenden Nachbarssohns gewesen sein. Aus diesem zuweilen weit geöffneten Fenster dröhnte an manchen Nachmittagen ein Lärm, als ob ein grunzendes Riesenschwein mit einem Presslufthammer den Straßenzug zum Einsturz bringen wollte. Von einem befreundeten Realschulpädagogen musste ich mich darüber aufklären lassen, dass dies Musik sei: Grindcore, der seine Wurzeln im Crustcore der 80er Jahre habe. Krächzen, Knurren und Grunzen seien für diese Richtung stilbildend.

8:45 Uhr. Trotz des Kissens taten mir die Ellbogen weh. Seit halb 9 verspürte ich einen unsäglichen Harndrang. Zwei große Becher Kaffee auf nüchternen Magen. Dennoch durfte ich meinen Beobachtungsposten nicht verlassen. Jede Sekunde konnte etwas passieren, die vermeintlich ruhige Lage eskalieren. Gegen 9:40 Uhr hielt ich es nicht mehr aus. Die Umwälzpumpe unseres kleinen Vorgartenbrunnens hatte sich eingeschaltet und ließ einen dünnen Wasserstrahl in das salatschüsselgroße Steinbecken plätschern. Gerade als ich mich umdrehte und zur Toilette huschen wollte, glaubte ich eine Aktivität am äußersten linken Rand meines Sehfeldes zu bemerken. Diesmal war es wirklich so. Die Haustür ging auf. Der Sohn wurde in Handschellen abgeführt. Ein Polizist fasste ihn grob am linken, ein anderer am rechten Arm. Zwei weitere trugen Sporttaschen heraus, die wohl dem Jungen gehörten. Die Schiebetür des VW-Busses ging auf. Dann zu. Der Nachbarssohn verschwand darin. Das Wort „lebenslänglich" huschte mir durch die Hirnwindungen. Auch die lokalen Pressevertreter hatten sich mittlerweile auf der gegenüberliegenden Straßenseite in einem Pulk aufgebaut. Mit Kameras und Mikrofonen dokumentierten und kommentierten sie die Festnahme. Die Mutter stand, noch immer im Schlafanzug, geistesabwesend im Garten und weinte. Davon, was der Vater den Polizisten mit geballten Fäusten nachrief, verstand ich nur Wortfetzen. Ich schloss daraus, dass er sein Kind für unschuldig hielt, was auch immer diesem vorgeworfen wurde, und dass ihnen bald eine Anzeige wegen Beamtenbeleidigung ins Haus flattern würde.

Gegen 14 Uhr brachte ein Streifenwagen den Jungen zurück. Ohne Handschellen. Er wies keine Spuren von Misshandlung oder Folterung auf, soweit ich dies durch den Fernstecher erkennen konnte. Zwei Minuten später öffnete sich sein Zimmerfenster und er ließ es in bisher nicht dagewesener Lautstärke zu mir herübergrunzen.

Am nächsten Tag stand ein seitenfüllender Bericht in der Zeitung. Mit Foto, wie der bullige Einsatzleiter den Kopf des schmächtigen Nachbarsbuben nach unten drückt, als er ihn in den Polizeibus verfrachtet. „Razzia gegen kriminelle Sprayer" lautete die Überschrift. Er und sein Freund waren für einen Großteil der Graffiti in Regensburg verantwortlich. Wände, Zugwaggons, Bahnübergänge: Überall war ihre Streetart zu sehen. Mit der pressebegleiteten Razzia wollte die Regensburger Strafverfolgungsbehörde ein Zeichen setzen.

Etwa zur gleichen Zeit in Madrid: Vier Jugendliche „fliegen" durch die U-Bahnschächte der spanischen Metropole. „Fliegen" nennen sie es, wenn sie sich mit den Gürteln ihrer Jeans von außen an die Wagonfenster schnallen und ihnen in den dunklen unterirdischen Gängen der Großstadt ein schroffer, metallischer Wind entgegenbläst. Natürlich ist es gefährlich, haarscharf an den Wänden entlang zu sausen. Natürlich kann bei der Tunnel-Fliegerei schnell eine Hand, ein Bein oder ein Leben verloren gehen. Aber wen kümmert das schon, wenn man jung ist. Vielleicht gilt diese Art der Personenbeförderung nicht einmal als Schwarzfahren, weil in den Waggons niemandem der Platz weggenommen wird. Und natürlich macht es Spaß, gesehen, bewundert und nicht erwischt zu werden.

An diesem Abend fliegen sie mit zum Betriebshof, in dem sich die U-Bahnen ab halb zwei für ein paar Stunden ausruhen dürfen. Für die Sprayer ein Eldorado. Was kann sich ein bildender Straßenkünstler Schöneres wünschen als diese riesigen mobilen Flächen, auf denen ihre Schriftzüge am nächsten Tag kreuz und quer durch Madrid kurven werden. Wie gesagt: gesehen und bewundert. Nur mit dem Erwischtwerden war das an diesem Abend so eine Sache. Sie wurden es. Die Polizei hatte bereits auf sie gewartet und sie festgenommen, noch bevor ihre Spraydosen den ersten Buchstaben fertigsprühen konnten. Dann das Drama. Sie wurden nicht einmal eingebuchtet, wie es sich im Lebenslauf jedes anarchischen Jungsprayers, der etwas auf sich hält, gut machen würde. Nein, die Jungs wurden zu ihren Familien nach Hause gebracht, wo sie zunächst ein mütterliches Lamento und dann ein väterliches Donnerwetter erwartete. Das Gericht stellte die Familien vor die Wahl, ob sie umgerechnet 500 Euro zahlen oder lieber einen „arresti domiciliari" als Strafe annehmen wollten. Es lief auf Hausarreste hinaus. Eine Schmach. Und eine ernste Sache. Mindestens viermal am Tag schauten Polizisten vorbei und ließen sich per Unterschrift bestätigen, dass der Arrest auch wirklich abgesessen wurde.

Einen dieser vier domestizierten Madrilenen lerne ich heute kennen. Er nennt sich Gato-M und bereichert Regensburg seit einigen Jahren mit seiner Streetart. Als Übersetzungshilfe hat er seine Frau (nennen wir sie „Sabine") mitgebracht, was sich noch als glückliche Fügung herausstellen soll, da sie in der Lage ist, mir die Essenz dessen zu vermitteln, was aus Gato-M in den prächtigsten Wortblumensträußen, welche die spanische Sprache zu bieten hat, heraussprudelt. Gato-M nennt seinen bürgerlichen Namen nicht. Einerseits, um sich vor Regressansprüchen geschädigter Fassadeneigentümer zu schützen, andererseits, um sich ähnlich wie der sagenumwobene Streetart-Künstler Banksy mit einer geheimnisvollen Aura zu umgeben. Um den Kontakt herzustellen, musste ich den Umweg über eine neutrale E-Mail-Adresse gehen. Er vertraute darauf, dass ich weder ein polizeilicher Ermittler noch Repräsentant einer Wohngebäude-Versicherungsgesellschaft sei, die für einen von ihm verursachten Schaden aufzukommen hatte. Apropos Schaden. Gato-M arbeitet mit einer Technik, welche die Schäden an den Fassaden gering hält. Er tapeziert. Seine Werke können meist mit Wasser und Tapetenlöser entfernt werden. Oder der Regen wäscht sie nach einiger Zeit von der Wand. Eventuelle Schadenersatzansprüche halten sich dadurch in überschaubaren Grenzen. Nachdem ich einige Minuten mit ihm gesprochen habe, erkenne ich noch einen anderen Grund für seine schadenminimierende Tapeziertechnik, die er „Cartelleria" nennt. Gato-M ist ein warmherziger, netter Mensch. Er möchte niemandem finanziellen Schaden zufügen. Cartelleria stellt für ihn die ideale Ausdrucksform dar, sich künstlerisch zu verwirklichen und andere damit nicht groß in Mitleidenschaft zu ziehen. Auch seine Motive, die in der Regensburger Altstadt an vielen Ecken und Enden zu finden sind, strahlen Lebensfreude aus und stimmen den Betrachter positiv. Ein kleiner Junge trägt eine Zeitung unter dem Arm, auf der „Liebe das Leben" steht. Ein Baby hält ein vierblättriges Kleeblatt in der Hand. Über einem Mädchen, das eine Breze isst, steht „Brezel and Peace". Fast bin ich geneigt zu sagen, Gato-M macht Regensburg zu einem schöneren Ort. Mit Streetart und Herzenswärme.

Was treibt jemanden, der in der Weltmetropole Madrid eine furiose Jugend durchlebt hat und jahrelang im sonnigen Malaga künstlerisch aktiv war, nach Regensburg?
Die Liebe. In einer schwierigen Lebensphase habe ich Madrid verlassen und mir in Malaga als Maler eine neue Existenz aufgebaut. Dort habe ich mich in Sabine, die in Malaga studierte, verliebt. Ich hatte nur noch einen Gedanken. Ich möchte mit ihr zusammen sein. Egal wo.

Welche Gefühle hattest du, als du nach Deutschland kamst?
Auch hier hat die Liebe alle anderen Gefühle überstrahlt. Trotz sehr großer Flugangst setzte ich mich sofort in den Flieger, als Sabine mich anrief und sagte, dass sie eine Unterkunft für mich in ihrer Nähe gefunden hätte. Von da an war alles anders für mich. Ein neues Leben.

Während seine Frau übersetzt, dreht Gato-M sich eine Zigarette. Als er fragt, ob ich mit ihm zum Rauchen nach draußen gehen wolle, überlege ich kurz, ob es in meinem Alter noch Sinn macht, damit anzufangen. Dann sehe ich das Bild auf seiner Tabakpackung. Nein, daran möchte ich nicht sterben.

Hast du Vorbilder?
Vom Stil her werde ich manchmal mit Banksy verglichen. Als Inspiration würde ich aber eher den Franzosen Blek le Rat bezeichnen, der sich mit Stencils, also Schablonenkunst, schon vor Banksy einen Namen gemacht hatte. Wenn man so will, ist auch Andy Warhol einer der Urväter dieser Kunstform.

Was ist an deiner Kunst besonders?
Ich selbst habe zuerst gesprüht, dann mit Schablonen gearbeitet, bis ich bei der Cartelleria angekommen bin. Alle meine Werke sind Unikate. Jedes wird einzeln von mir gemalt und nicht mit Schablonen zigfach nach dem gleichen Muster aufgesprüht. Mit jedem Bild will ich eine eigene ganz persönliche Geschichte erzählen. Von Menschen, die ich gerne mag oder interessant finde. Immer wieder Stil-Ikonen wie Che Guevara, Marilyn Monroe oder irgendwelche Politiker an die Wand zu sprühen, ist nicht mein Anspruch an Streetart. Auch abgedroschene Symbole wie das Anarchie-A kommen bei mir nicht vor, weil jeder eine andere Vorstellung von Anarchie hat und viele davon nicht mit meiner Sichtweise übereinstimmen.

Wie oft bist du schon erwischt worden?
Zweimal. Aber du weißt ja: Gato heißt Katze und Katzen haben sieben Leben. Fünf müssten demnach noch übrig sein.

Und was heißt das M?
M steht für Malaga, weil ich dort sehr aktiv war und meinen jetzigen Stil entwickelt habe. Übrigens wird ein Einwohner von Madrid auch als Katze, als Gato, bezeichnet.

Wie würdest du deine politische Haltung beschreiben?
Liberaler Neo-Anarchismus. Der Frieden steht dabei im Zentrum. Mit wirtschaftsorientierter und zum Teil menschenverachtender Politik,

wie sie in Deutschland und natürlich auch in Spanien und von anderen Staaten betrieben wird, kann ich nichts anfangen.

Äußert sich diese Einstellung in deiner Kunst?
Ja. Aber nicht an der Oberfläche. Die Aussagen ergeben sich aus der Auseinandersetzung mit den Werken. Wie bei einem guten Film, muss der Sinn nicht beim ersten Ansehen entschlüsselt werden, sondern erst, wenn man sich ein wenig damit beschäftigt hat. Aber Kunst ist etwas für Verrückte. Ich bin verrückt, weißt du.

Was trinkst du am liebsten in Regensburg?
Bier. Das Bier hier ist ein Paradies.

Was isst du hier am liebsten?
Ich bin vom dem riesigen Angebot an vegetarischen Speisen beeindruckt.

Und in Malaga?
Da trinke ich am liebsten süßen Wein und esse Patatas Bravas. Bei allem Respekt vor der deutschen Küche muss ich sagen, dass die spanische für mich einfach unvergleichlich ist. Vielleicht auch, weil ich dort aufgewachsen bin.

Als hätte der Wirt irgendwo ein Richtmikrofon installiert, um seine Gäste auszuhorchen, steht die Bedienung mit zwei frischen Bieren am Tisch, als wir über Gato-Ms Lieblingsgetränke sprechen. Zusammen sind wir jetzt beim achten. Da die Übersetzerin sich den ganzen Abend lang mit einem Getränk begnügt, um als kommunikativer Fels in der Brandung die Interview-Qualität weiter auf tragbarem Niveau zu halten, steht es 3 zu 4 gegen mich. Und das bei einem Heimspiel! Nicht auszudenken, welches Desaster ich in Malaga oder Madrid erleben würde. Ich versuche, die negativen Gedanken zu verdrängen und mich an Gato-Ms immer gestenreicherem Redefluss zu erfreuen.

Verfügst du über eine künstlerische Ausbildung oder bist Du Autodidakt?
Die Kenntnisse und Fertigkeiten habe ich mir auf der Straße geholt. Du lernst von anderen Künstlern und entwickelst dich weiter. Schon als Kind habe ich mit Streetart angefangen. Wie man Schriftzüge gestaltet, hat mir zum Beispiel ein guter Freund beigebracht. In Spanien nennt man das „Barrios", also Viertel. Die künstlerische Ausbildung hat hauptsächlich im Barrio, in meiner Nachbarschaft, stattgefunden. In Regensburg ist das unvorstellbar. Madrid ist eine riesige und gefährliche Stadt. Auf Schritt und Tritt begegnet dir Armut und Kriminalität. Wenn du dort deine Kindheit verbracht hast, prägt dich das. Die Angst ist allgegenwärtig. Ich bin froh, dass unsere kleine, vierjährige Tochter hier in Deutschland in Sicherheit aufwachsen kann.

An welchem deiner Werke hast du am meisten Freude?
An dem Mädchen mit dem vierblättrigen Kleeblatt. Es basiert auf meinen Wünschen für unsere Tochter. Sie und natürlich alle anderen Kinder sollen Glück in ihrem Leben haben. Das Bild habe ich übrigens auch in anderen Städten umgesetzt. Und in verschiedenen Techniken. Mal tapeziert, mal gesprayt.

Was hättest du im Rückblick lieber nicht gemacht? Bereust du etwas?
Ja. Auf jeden Fall. Nicht, weil ich früher technisch nicht so gut war. Das ist normal. Ein Lernprozess. Ich habe viel ausprobiert. Davon bereue ich nichts. Aber eine Zeit lang habe ich Motive verwendet, mit denen ich heute nicht mehr einverstanden bin.

Ein Beispiel?
Der Fußballstar Diego Maradonna. Aber darüber möchte ich gar nicht weiter sprechen.

Möchtest du etwas über deine Familie erzählen?
Das ist für mich ein sensibles Thema. Ich komme aus einer Künstlerfamilie. Meine Mutter ist Autorin und schreibt auch fürs Kino. Meinen Vater halte ich für einen großartigen bildenden Künstler. Nicht unbedingt sehr berühmt. Aber wirklich gut und erfolgreich. Auch mehrere Verwandte väterlicherseits waren anerkannte Künstler. Damit möchte ich aber nichts zu tun haben, auch wenn ich ihre Arbeit und die meines Vaters sehr respektiere. In deren Welt möchte ich mich nicht bewegen.

Meine Eltern stammen ursprünglich aus bescheidenen Verhältnissen und sind eher konservativ. Von meinen Geschwistern sind zwei ebenfalls Künstler und eine Schwester ist Lehrerin. Ich bin das Schwarze Schaf.

Gato-M braucht eine weitere Rauchpause. Vielleicht auch, um vom Thema Familie ein wenig Abstand zu gewinnen. Ein gute Gelegenheit, mich mit Sabine zu unterhalten. Sie erzählt, dass sie Gato-M daheim selbstverständlich nicht Gato-M nenne, sondern mit seinem richtigen Vor- oder mit Kosenamen. Schließlich sei er nicht ihr Künstler, sondern ihr Mann. Sabine scheint erleichtert, als Gato-M relativ schnell wieder zurückkehrt. Hoffentlich hat sie nicht zu viel verraten und damit die Anonymität Gato-Ms gefährdet. Nein. Hat sie nicht.

Rio Reiser, ein deutscher Sänger, hat einmal in einem Lied beschrieben, was er alles machen würde, wenn er König von Deutschland wäre. Was würdest du als König von Regensburg in der Stadt ändern?
Es sollte mehr Ausstellungsmöglichkeiten für Künstler geben. Mehr Freiheit. Graffiti aus Regensburg hat keinen besonderen Ruf, spielt in der Szene keine große Rolle. Aber damit steht Regensburg nicht allein da. Genauso sehe ich die Konsum-Orientierung. Immer mehr Ungleichheit unter den Menschen. Das ist zwar fast überall so. Aber vielleicht kann ich ja in Regensburg damit anfangen, etwas zu verändern, wenn ich König bin.

Wo siehst du dich in 10 Jahren?

Ich lebe im Hier und Jetzt. Es passiert, was passiert. Bei mir war es so, dass ich lange Jahre unbekannt war und sich dann plötzlich viele Menschen für meine Kunst interessierten. Das war nicht geplant. Es ist einfach geschehen. Ich glaube an die Kunst und die Leidenschaft. Sie sind Teile von mir. Auch wenn ich eines Tages verarmt auf der Straße sitzen sollte, werde ich trotzdem weiter Kunst machen. Das Materielle spielt zum Glücklichsein für mich keine Rolle. Jeder Tag ist ein neuer Tag.

Angenommen, du besitzt ein eigenes Haus, das regelmäßig mit miserabler Streetart verschandelt wird. Wie reagierst du?

Mich würde es nicht stören. Ich war selbst so ein Kind und verstehe das. Ich könnte mir vorstellen, rauszugehen und den Kids zu helfen. Ihnen zu zeigen, wie sie es vielleicht besser oder schöner machen könnten. Nur bei Symbolen wie dem Hakenkreuz wüsste ich nicht, wie ich reagiere.

Plagen dich Existenzängste?

Nicht im finanziellen Bereich. Das ist mir egal. Wenn ich vor etwas Angst habe, ist es, geliebte Menschen oder Freunde zu verlieren. Es macht mich glücklich, einen Filzstift in die Hand zu nehmen und drauf los zu malen. Einen Ferrari zu fahren nicht.

Mit welcher berühmten Persönlichkeit würdest du gerne ein Gespräch führen?

Da gibt es niemanden. Doch, eine einzige Person gibt es. Die ist aber nicht berühmt. Wenn es möglich wäre, würde ich ein Gespräch mit meinem verstorbenen Cousin führen. Er war ein Seelenverwandter. Ich vermisse ihn sehr.

Eines deiner Werke wird übersprüht, bevor es jemand gesehen hat. Wie fühlst du dich?

Das kann schmerzhaft sein. Normalerweise gibt es in der Szene gewisse Codes. Man übermalt nicht jemanden einfach so. Und wenn, dann muss es einen guten Grund dafür geben.

Und wenn einer diese Codes nicht kennt? Zum Beispiel ein Fußballfan, der alles wahllos mit SSV (Anm.: Regensburger Fußball-Club) übersprüht.

Das ist schwierig. Solche Sprayer werden von der Graffiti-Szene abgelehnt. Sie gehören nicht dazu. Die Fans drücken so die Liebe zu ihrem Verein aus. Aber es steckt keine künstlerische Absicht dahinter.

Hast du Zweifel an der künstlerischen Qualität deiner eigenen Werke?

Nein. Aber man kann sich immer weiter verbessern. Und ich will mich immer weiter verbessern. Ich glaube, dass man selbst erkennt, was gut ist, was jemanden berührt. Ich male alles per Hand. Mein Fokus liegt auf dem Bild. Um dieses Fokussieren geht es, wenn eine Nachricht übermittelt werden und ankommen soll. Vielleicht sind Tausende anderer Künstler besser im Schattieren und in technischen Raffinessen. Das erscheint mir persönlich weniger wichtig.

Wie und wo würdest du deine Kunst am liebsten ausüben, wenn dir alle Möglichkeiten zur Verfügung stünden?

Im Grunde würde sich nicht viel verändern. In einer großen Stadt erreicht man mehr Menschen. Das Kunstwerk bleibt aber dasselbe, ob es nun in New York oder in Regensburg gesehen wird. Mein Traum ging bereits dadurch in Erfüllung, dass ich Künstler sein darf. Diesen Traum lebe ich, unabhängig davon, wie viel Geld ich damit verdiene oder wie berühmt ich bin. Vielleicht bin ich auch nicht der Typ dafür. Mag sein, das meine Barrio-Mentalität daran schuld ist. Ich glaube an einzelne Personen, an Freunde, nicht an Ruhm und Reichtum. Es geht immer um den Menschen. Ich bin mir sicher: Auch wenn ich in zehn oder zwanzig Jahren weltberühmt wäre, werde ich noch genauso denken.

Was hältst du von legalisierten Graffiti-Ghettos wie den Betonwänden am Regensburger Donau-Ufer?
Genial. Gemäß den Codes, die ich vorher schon angesprochen hatte, bestand in der Szene früher Einigkeit darüber, dass nur Idioten sich auf legale Streetart einlassen. Warum soll das so sein? Das verstehe ich nicht. Wir leben im 21. Jahrhundert. Solche Kunstparks sind in der heutigen Zeit eine superschöne Sache. Künstler brauchen eine Plattform, um gesehen zu werden. Darum geht es doch. Wie gesagt: Ich finde es fantastisch.

Das Telefon klingelt. Gato-M entschuldigt sich. Er spricht mit einem peruanischen Freund, mit dem gemeinsam er nächstes Jahr ein Filmprojekt verwirklichen will. Er wird sich nachher noch in einer anderen Kneipe mit ihm treffen. Peru, Madrid, Regensburg: Die Welt schmilzt für ein paar Sekunden an unserem Biertisch zusammen.

Bist du mit deinem Leben zufrieden?
Ja! Ja, ich bin zufrieden, solange es meiner Familie gut geht und ich meine Kunst machen kann.

Hältst du dich für einen faulen oder fleißigen Menschen?
Ich bin fleißig. Ich sehe mich als Arbeiter. Künstlerisch war ich schon immer sehr produktiv und bin es heute noch immer.

Leidest du beim Arbeiten oder überwiegt der Spaß daran?
Das hält sich die Waage. Einerseits freue ich mich, etwas Schönes schaffen zu können, andererseits sind die Themen, in die ich mich hineinbegebe, zum Teil bedrückend, auch wenn ich sie ins Positive wandle.

Angenommen, du hättest nur noch drei Tage Zeit, etwas zu unternehmen, und müsstest Regensburg dann für immer verlassen. Was würdest du tun?
Nichts Besonderes. Die Tage mit meiner Familie verbringen. Vielleicht erwartet mich nach Regensburg ein Leben, in dem ich ganz etwas anderes machen kann. Kokosnüsse oder Bananen ernten zum Beispiel. Eine schöne Vorstellung. Findest du nicht?

Abschließende Frage. Welche Charaktereigenschaften muss ein guter Künstler als Mensch haben?
Humildad, sinceridad y honra – Bescheidenheit, Ehrlichkeit und Ehrgefühl.

Letztes Wochenende luden mich die Nachbarn zum Grillen ein. Ihr missratener Sohn, der seinerzeit verhaftete Sprayer, war auch dabei. Ausnahmsweise. Er befand sich auf der Durchreise von Zürich nach London. Da hatte sich ein kurzer Zwischenstopp bei den Eltern angeboten. Er war Banker geworden. Böse Zungen könnten behaupten, dass sich seine kriminelle Energie von damals damit ein anderes weitaus größeres Ventil gesucht habe. Der Investment-Banker als Feindbild einer sozialen Gesellschaft. Raffzahn und Beelzebub in einer Person. Meine Mutmaßung geht in eine andere Richtung. Ich halte den Nachbarbuben für sehr gewieft und bin mir inzwischen sicher, dass er noch immer streetartistisch unterwegs ist. Als Banker verdient er viel Geld, das er dann in großartige Kunst investiert. In so etwas wie „Dismaland“ im englischen Somerset, die gewaltige Persiflage auf Disneyland-Freizeitparks. Ein tolles Projekt. Das war doch dieser Banksy?! Alles eigenfinanziert. Natürlich: Banker und Banksy. Ein hintersinniges Wortspiel. Das passt perfekt. Kein Zweifel: Unser liebenswerter Nachbarbub ist kein Geringerer als der größte Streetartkünstler aller Zeiten. Ich zwinkere ihm freundschaftlich zu, will ihm damit signalisieren, dass ich immer an ihn geglaubt habe, auch wenn es von seinem Kinderzimmerfenster aus vielleicht nicht danach aussah. Er zwinkert nicht zurück. Natürlich nicht. Er ist Banksy.

ERINNERUNGEN EINES KULTMUSIKERS

Mann, das waren noch Zeiten. Mannomann. Das war noch richtige Musik. Nicht das Gedudel, das du jetzt im Radio rauf und runter hörst. Radio hört eh keiner mehr. Alles Internet. Alles elektronisch. Alles hört sich gleich an. Platten gibt's schon lang nicht mehr, CDs auch nicht. Ich hab noch welche. Platten und CDs. Das lass ich mir nicht nehmen. Viel besser der Sound. Wärmer. Ehrlicher. Davon haben die heute keine Ahnung mehr mit ihren komprimierten MP3-Dingern. Keinen Schimmer haben die. Früher konnten wir froh sein, wenn die Standlautsprecher aufrecht ins Zimmer passten. Dass die Scheiben nicht rausflogen, wenn zu drei Vierteln aufgedreht war. Da wenn du fünf Leute auf dem Neupfarrplatz angehalten und sie gefragt hast, ob sie wissen, wer der Ritschy ist, haben alle fünf gesagt: „Klar, der Ritschy von den ‚Fallen Elevators', den kennt doch jeder. Super Musiker und ein klasse Typ."

Was sind wir getourt. Sarchinger-Weiher-Open-Air, Woodpop Festival in Nabburg und so weiter und so fort und kein Ende in Sicht. Unser Tourbus war ein ausrangierter Opel Blitz. Von der Metzgerwaren-Fabrik Ostermeier am Donaumarkt. Unser Bassist hat da mal Knacker in Großhandelsdosen abgefüllt. Mit seinen Wurstfingern, haha. Das wär ein guter Bassistenwitz, das mit den Wurstfingern. So sind wir billig an den Blitz gekommen. Hat halt ein bisschen nach Kühltheke gerochen. Auch wenn die Fenster offen waren. Den hast du nicht rausgekriegt, diesen Gestank. Davon abgesehen ein Top-Fahrzeug. Bis nach England rauf damit. London, Manchester, Liverpool. Nicht der Cavern Club, schon klar. Das wär was gewesen. Wer weiß, wenn Brian Epstein uns unter die Fittiche genommen hätte.

Wenn er gesagt hätte: „Boys, ihr seid die neuen, die besseren Beatles.“ Natürlich auf Englisch. Die haben sich da getroffen im Cavern Club. Die Beatles und der Eckstein. Der Epstein, meine ich. Schade, dass das damals nicht geklappt hat. Aber die Beatles waren eh nie das Meine. Yardbirds, Stones, Deep Purple: Die waren ein anderes Kaliber als diese vier Heulsusen. Wir hätten es genauso gut spielen können, wenn Brian zu uns gesagt hätte: „Leute, spielt mal ‚Penny Lane‘ oder spielt mal ‚Here comes the Sun‘!“ Hätten wir gemacht. Wir waren Profis. Wenn unser Manager gesagt hätte, wir sollen etwas spielen, weil es dann wie Rakete ganz nach oben geht, hätten wir es gespielt. Dann ist uns auch noch die Karre verreckt. Oder das Benzin ausgegangen. Weiß nicht mehr genau. Jedenfalls wir allein in der Pampa mit unseren Instrumenten, mit einem kaputten Motor oder ohne Benzin. Oder die Kupplung. Das sind Storys. So was erlebst du nicht, wenn du den ganzen Tag vorm Computer hockst und Mami dir alle zwei Stunden ein Vollkornbrot mit Grünkern-Aufstrich neben den Laptop stellt, während du deine Tracks programmierst. So ein Scheiß. Ein Track! Wenn ich das schon höre. Jede Woche bin ich ins Sound Aktuell im Gewerbepark, Gitarren ausprobiert. Ehrensache. Super Kumpels. Gibt's heute auch nicht mehr, das Sound Aktuell da draußen. Schade drum. Ich hab die letzten Jahre sowieso nichts mehr gekauft. Gicht. Natürlich nicht die richtige Gicht, sondern die Gitarrengicht. Die nennt sich so, weil die Jungen immer schneller werden und dir die Finger immer steifer. Vorher hab ich bei den „Equal Nights“ gesungen. Deutsch. Verdammt gute Texte: „Dann kamen die Anzugherren mit ihren großen Köpfen, wollten den süßen Rahm für sich abschöpfen, ich zog meinen Blaumann an und sprang sie alle von der Seite an, oh ja, ich sprang sie von der Seite an.“ Solche Texte macht heute keiner mehr. Das war die Ursuppe des Rap, bevor bei uns irgendjemand wusste, was das ist. Die Musik natürlich kein Rap. Gott bewahre. Rap ist keine Musik. Krautrock war das. Saucooler Krautrock. Aber schon heavy. Allein der Name. Equal Nights. Nights statt Rights, verstehst du?

Fast einen Plattenvertrag von Emi-Electrola gekriegt damals. Da waren wir schon die Fallen Elevators. Ganz andere Richtung. Emi gibt's auch nicht mehr, glaub ich. Der A&R-Manager war ein Volltrottel. Meinte, die Musik ginge ja noch, aber die Gesichter lassen sich nicht verkaufen. A&R heißt Artist&Repertoire, weiß man ja. Von Tuten und Blasen keine Ahnung, der Mann. Lieber unabhängig bleiben, haben wir uns gedacht. Independent, verstehst du? Alles selbst finanziert. 10.000 CDs. Die Freundin ist ausgeflippt. Wollte nicht mitzahlen.

Dann unser Auftritt beim Bürgerfest. Das hieß damals noch Altstadtfest, glaub ich. Wir jedenfalls Top-Act im Hinterhaus. In der Rote-Hahnen-Gasse. Das gibt's noch, kennt aber keiner mehr. Da ist der Wirt mit der Kasse durchgebrannt. War sogar auf der Fahndungsliste von Interpol. Soll sich irgendwo im Sand eingegraben haben. Mauritius, hab ich gehört. Jedenfalls kommen wir hin und die sagen uns, dass nicht wir der Top-Act wären, sondern so eine Nachwuchs-Punk-Band. „Totalschaden", glaub ich. Dann hab ich ihm gesagt: „Entweder wir sind Top-Act, oder wir spielen überhaupt nicht." Er hat gemeint: „Dann überhaupt nicht." Gut. Ich hab es wieder mal hingebogen. Wenn er unbedingt meint, machen wir's halt so. Halbe Gage? Auch o.k. Was heißt schon Top-Act. Beim Bürgerfest gibt es keinen Top-Act. Da spielen die Besten nicht am Schluss. Ist klar. Wenn es dem Ende zugeht, sind immer weniger Leute von auswärts da, weil alle wieder heim wollen. Du kannst froh sein, wenn du nicht als Letzter spielen musst. Totalschaden. Was für ein beknackter Name. Keine Ahnung von Marketing, keine Ahnung vom Business.

Ich weiß nicht, ob es vor- oder nachher jemals ein Bürgerfest gegeben hat, bei dem das Wetter annähernd so schön war. Und das Hinterhaus ein stockfinsteres Loch und arschkalt. Kein Mensch kommt auf die Idee, mehr als zwei Minuten in einem feuchten Loch zu verbringen, wenn es draußen 34 Grad hat. Außer du hast einen daunengefütterten Schi-Anorak dabei. Hatte aber keiner. Jedenfalls waren nur Gudrun, das neue Groupie vom Schlagzeuger, da und der Typ von der Druckerei. Der, der die CD-Booklets gedruckt hatte. Ich musste also bei der Geldübergabe mit dem Wirt vorsichtig sein. Ich wies Gudrun an, sie soll mit ihrem affengeilen roten Minirock genau in dem Moment am Drucker vorbeiwackeln, wenn mir der Wirt den Zwanziger in die Hand drückt. D-Mark. Gibt's auch nicht mehr. Hat geklappt. So ein Vollpfosten. Gudrun und der Drucker blieben als Einzige bis zum Schluss. Ich meine zwar, dass sie zwischendrin ein paar Mal, wohin auch immer, verschwunden waren, aber Hauptsache, sie blieben bis zum Ende. Alles andere wäre für uns ein Schwinger in die Magengrube gewesen.

Wir bauten ab und bestätigten uns gegenseitig, dass es wieder einmal eines der besten Konzerte gewesen sei, dass wir jemals gespielt hatten. Dann kam er. Der Kindergarten. Elf, zwölf, höchstens dreizehn Jahre alt. Das Hinterhaus füllte sich, als würde eine gigantische Geisterhand die Menschenmassen durch die Tür hereindrücken. War proppenvoll, als die vorpubertären Punks anfingen. Vielleicht wäre Top-Act doch besser gewesen. Sicher waren die alle unseretwegen gekommen. Ich suchte mir einen Zuschauer aus, der im Vergleich zum Rest noch einigermaßen zivilisiert aussah. Sprach ihn an. Dass es schade sei, dass die Fallen Elevators, wegen denen er doch bestimmt gekommen sei, schon früher gespielt hätten. Toll seien sie wieder einmal gewesen. Ganz toll. Die Elevators hätten aber heute noch einen größeren Gig in Norddeutschland. Deshalb. „Wer?", schob er mich zur Seite, um vor der Bühne Pogo zu tanzen. Ich suchte immer wieder Kontakt zu einzelnen Leuten im Publikum und versuchte, die Musiker schlecht zu machen. Was heißt Musiker. Musiker sehen anders aus. Dem einen hing die Gitarre bis zu den Fußknöcheln runter und der Schlagzeuger konnte den Rhythmus nicht halten. Außerdem war er viel zu schnell. Mindestens dreimal so schnell wie unser Schlagzeuger. Ich verzog mich in einen schlecht einsehbaren Hinterhaus-Winkel und schrie „Buh". Dann nippte ich sofort an meinem Glas, damit ich nicht fälschlicherweise verdächtigt würde. Was sollte aus diesen talentfreien Krachmachern werden? Bestimmt würden sie in den nächsten Tagen an einer Überdosis von irgendwas sterben oder ihr kurzes Leben lang unter der Nibelungenbrücke hausen müssen. Versager kann ich zehn Kilometer gegen den Wind riechen.

Ich habe es zu was gebracht. Bin stellvertretender Leiter der Entwicklungsabteilung bei Siemens. Nur noch 8 Jahre. Dann endlich Rente. Vielleicht bestell ich mir dann eine Gitarre und einen Verstärker bei Thomann und lass oben im Giebel die guten alten Zeiten wieder aufleben. Da werden die Nachbarn schauen. Die kennen mich ja nicht von früher. Wissen ja nicht, dass ich DER Ritschy bin.

Anmerkung des Autors: Die „Fallen Elevators" lösten sich noch am Tag ihres Hinterhaus-Gigs auf. Gudrun ist seit 22 Jahren mit dem Drucker des Fallen-Elevator-Booklets verheiratet. Aus der miserablen Punkband ging das Duo „Gebrüder Teichmann" hervor. Andi und Hannes Teichmann sind weltweit als DJs gefragt und erfolgreich. Auf kultureller Ebene arbeiten sie völkerverbindend mit dem Goethe-Institut zusammen. In einer beeindruckenden Ausstellung zeigte die Städtische Galerie im Leeren Beutel im Jahre 2017 dokumentarische Reisefotografien aus aller Welt von Andi Teichmann. Ihr Vater ist in Regensburg eine anerkannte Jazzmusikgröße. Die Gebrüder Teichmann sind aktuell der einzige nennenswerte Musikexport Regensburgs, dem international Beachtung geschenkt wird.

KINOWELT ZWISCHEN ELDORADO UND INFERNO

Regensburg gilt als Kino-Eldorado. Angefangen vom Multiplex-Cinema, in dem einem bei Gladiatorenkämpfen bluttriefende 3D-Gedärme links und rechts um die Ohren fliegen, bis zum kuscheligen Wohnzimmerkino mit frühen Almodovar-Filmen, bei denen man mit dem Ablesen der englischen Untertitel so beschäftigt ist, dass man der Handlung nicht mehr folgen kann.

Als bekennender Kino-Junkie genieße ich die Regensburger Kino-Verhältnisse sehr. Getragen und erhalten wird die erfreuliche und von anderen Städten neidisch beäugte Kinokultur von Film-Enthusiasten, masochistischen Lichtspielhaus-Betreibern und vielen Leuten, die etwas auf die Beine stellen, ohne groß rumzupalavern.
Filmfestivals:
Die Regensburger Kurzfilmwoche findet jährlich im Februar/März statt. Sie ist Teil des Arbeitskreises Film Regensburg e.V. (AKF), der auch in der Filmgalerie Leerer Beutel für ein anspruchsvolles Kinoprogramm weitab vom Mainstream sorgt. Seit über 25 Jahren läuft die Regensburger Kurzfilmwoche bereits. Sie verleiht Preise in den Kategorien regional, bayernweit, national und international. Einige tausend Einreichungen müssen Jahr für Jahr gesichtet werden, um die Auswahl auf mehrere Kinos verteilt präsentieren zu können.

Der Innenhof des Historischen Museums am Dachauplatz beherbergt in den Sommerferien die Regensburger Stummfilmwoche. Im unvergleichlichen Ambiente des ehemaligen Minoritenklostergartens laufen unter freiem Himmel bekannte Klassiker und seltene Perlen des Stummfilms. Dazu gibt es Livemusik von Klassik bis Jazz.

Das Queer-Streifen-Filmfestival findet jeden März im Leeren Beutel statt. Es zeigt LGBTQ-Kurzfilme, Filme aus aller Welt, deren Inhalte mit dem Leben von Lesben, Schwulen, Bisexuellen, Transgendern und queeren Bevölkerungsgruppen zu tun haben. Auch Queer-Streifen wird vom AKF organisiert.

Im HARD:LINE Film Festival (September) laufen, wie der Name vermuten lässt, Filme der härteren Gangart. Wer rein will, muss 18 sein, 25 wäre bei manchen Streifen besser. Hinter dem extremsten Kinofestival Regensburgs stehen liebe Leute, die ihr Herzblut gern in größeren Mengen an die Decke spritzen lassen. Sie tragen neue und sehenswerte Filme des Genres zusammen; mit Diskussionen, Gedankenaustausch, Podiumsgesprächen und interessanten Gästen, wie es sich für eine kulturell ambitionierte Veranstaltung gehört.

Das Heimspiel-Filmfest zeigt im November Highlights des deutschen und internationalen Films, die von Studenten ausgewählt werden. Heimspiel läuft in verschiedenen Kinos parallel. Namhafte Darsteller wie Franz Rogowsky und Matthias Brandt trugen sich bereits in die Gästeliste ein.

Cinema Paradiso: Allein die Örtlichkeit, an der dieses sommerliche Freiluftkino läuft, rechtfertigt den Namen. Einfach paradiesisch. Mit Blick auf den Grieser Spitz und auf den Donauarm, der ein paar Meter weiter unten gemächlich vorbeifließt, schmeckt der eh schon vorzügliche Wein noch besser. Bei Einbruch der Dunkelheit beginnt die Filmvorführung. Nicht-Kinogängern bleibt trotzdem die erholsame abendliche Stille erhalten, da anstelle von Außenlautsprechern Kopfhörer an die Kinobesucher verliehen werden. Von Low-Budget-Produktionen des Regensburger Trashfilm-Gottes Erik Grun bis zum Blockbuster wird die ganze Bandbreite des Gegenwartskinos gezeigt. Da sich flussabwärts mehrere kleine Badebuchten befinden, kommt man auch in den Genuss, attraktive spärlich bekleidete Körper vom Sonnenbaden heimpilgern zu sehen. Ich gebe zu, dass es am Wein liegen kann, aber diese Menschen sind unheimlich schön. Vielleicht strahlt bei manchen auch die innere Schönheit so hell, dass sie einen blendet, dass das Körperliche nachrangig erscheint, dass alle gleich attraktiv und gleich glücklich sind, wenn sie in ihren um die Hüften geschlungenen Handtüchern an den Cinema-Gästen vorbeiwandeln. Nochmal: ein Paradies!

Das Cinema Paradiso befindet sich aus Innenstadtsicht rechter Hand vom Eisernen Steg. Dieser bildet an heißen Tagen einen Tummelplatz risikobereiter junger Menschen. Sie steigen auf das Brückengeländer und springen kopfüber, teils mit Salti und x-fachen Schrauben ins Wasser, obwohl es verboten ist. Weil es verboten ist wahrscheinlich. Jedenfalls ein unterhaltsames und kostenloses Schauspiel für alle Cinema-Paradiso-Gänger. Ein TV-Privatsender-Unterredakteur rief mich einmal an, ob ich als ausgewiesener Regensburg-Kenner ihm nicht einen Tipp geben könne, wann dort die meisten Jugendlichen ihr kriminelles Treiben veranstalteten. Man wolle Bilder einer erschreckend leichtsinnigen und lebensverneinenden Jugendkultur sammeln und damit älteren Frau- und Herrschaften im Vorabendprogramm eine willkommene Einschlafhilfe liefern. Auf meine Antwort, dass wahrscheinlich ein Sonntagnachmittag mit Temperaturen über 30 Grad sich anbiete, meinte er, dass das außerhalb seiner Dienstzeit sei. Er arbeite nur Montag bis Freitagmittag, der Familie wegen.

Montagmorgen um 10 Uhr rückte er mit seinem Kamerateam bei Außentemperaturen um die 19 Grad an. Zu dieser Zeit saßen die jungen Kriminellen auf verschiedene Schulen verteilt brav im Unterricht und dachten an alles andere, als sich bei gefühltem Dauerfrost mit einem Sprung in die zugefrorene Donau das Genick zu brechen. Das Fernsehteam filmte schließlich 15 Minuten lang in die friedlichen, menschenleeren Fluten der Donau hinein; einmal von der Brücke und zweimal vom Ufer aus. Wahrscheinlich werden sie einen reißerischen Text darüber gelegt haben: „Noch immer keine Spur von den untergetauchten Todesspringern" oder so ähnlich. Diese Geschichte erzähle ich deshalb, weil die Jugendlichen sich nach ihren waghalsigen Sprüngen die Donau hinunter am Cinema Paradiso vorbei bis ans Ende des Grieser Spitz treiben lassen. Zu später Stunde meinte ich auch einmal einen Eisbären auf einer Scholle gesehen zu haben. Der Wein.

Das Freiluftkino hat in Regensburg eine lange, bewegte Geschichte und fand an verschiedensten Orten statt: in den herrlichen Grünanlagen beim Prüfeninger Schlossgarten, dem verwunschenen Pürklgut im Stadtosten, auf Industriebrachen und in Gewerbegebieten. So weit ich mich erinnere, endete in den frühen Jahren jeder Open-Air-Kino-Abend für mich in einem Fiasko. Einmal gewann ich eine riesige Wildledertrachtenhose im Landhausstil. Diese war im Werbeblock von einem Kino-Sponsor, einer Regensburger Brauerei, ausgelost worden. Offensichtlich hatte ich als Einziger den Slogan „Xy-Bier: der Gurgel gute Schmier" leserlich in die leeren Kästchen der Teilnahmekarte gekritzelt. Der Wert der Hose war mit 800 D-Mark beziffert worden. Den Preis wollte ich mir als hungernötiger Student lieber in bar auszahlen lassen. Auch weil das Brustquerleder zwischen den Trägern die neongelbe Aufschrift „Mr. Gurgel-Schmier“ trug. Die Größe der Hose stand in keinem Verhältnis zu meiner. Wahrscheinlich war sie für den Messeauftritt des aufblasbaren, drei Meter hohen Brauereimaskottchens maßgefertigt worden. Ernstzunehmenden Gerüchten zufolge soll ihm der Außendienstleiter einer anderen Regensburger Brauerei mit einer glühenden Zigarette das Leben ausgehaucht haben.

800 Mark waren ein Haufen Geld. Nach einseitigen und monologischen Preisverhandlungen lehnten sie mein letztes Angebot, wenigstens 20 Mark statt der Hose zu bekommen, ab. Lange Schreibe, kurzer Sinn: In den folgenden 20 Jahren mussten wir keine neuen Fensterleder kaufen. Die ersten drei Jahre putzten wir vier- bis fünfmal wöchentlich. Dann waren wir nicht mehr bereit, unser Haushalts-Zeitmanagement von einer zerschnittenen Lederhose diktieren zu lassen. In den frühen 2000ern, als Tracht wieder in Mode kam, war der Fensterledervorrat leider nicht mehr für Kleidungszwecke zu gebrauchen. Meine schneiderisch versierte Dauerlebensabschnittsgefährtin hätte eventuell noch eine sehr kurze Patchwork-Lederhose daraus collagieren können. Aber wer hätte sie angezogen?

Auch an das Pürklgut habe ich wenig gute Erinnerungen. Zugegeben, ein lauer Sommerabend und eine Großleinwand vor saftigen Wildwuchswiesen, durch die ein Bächlein plätschert, hat etwas für sich. Am Ambiente gab es nicht das Geringste auszusetzen. Was den gezeigten Film betrifft, kann ich mir darüber kein Urteil erlauben, da ich maximal die ersten zwölf Minuten davon mitbekommen habe. Die Ankündigung, dass es bei Einbruch der Dunkelheit losgehe, müssen auch die Mücken, die in Regensburg Staunzen heißen und zu den aggressivsten und hinterhältigsten ihrer Gattung zählen, gelesen haben. Wie auf Geheiß eines Kinofilm- und Kinopublikum-verachtenden Diktators fielen sie bei Sonnenuntergang schwarmweise organisiert über uns unschuldige Zuschauer her und stachen gnadenlos zu. Unterhalb meiner Bermudashorts sahen die Beine aus, als hätte ich die Pickelbeulenpest. Ich ergriff die Flucht, sprang aufs Fahrrad und radelte den holprigen Feldweg, so schnell es ging, zurück. Nicht schnell genug für die Verfolger. Es muss ein top-ausgebildetes, auf Schleimhäute spezialisiertes Staunzen-Sondereinsatzkommando dabei gewesen sein. Lippen, Nasenhöhlen, Augenlider. Als ich endlich zu Hause ankam und Sturm klingelte, öffnete sich die Tür nur kurz und nicht mehr als einen Spalt. Schrecken, Furcht und Mitleid standen meiner Liebsten gleichzeitig ins erblasste Gesicht geschrieben. Mit fester Stimme erklärte sie, dass sie für aufdringliche Bettler grundsätzlich nichts übrig habe, auch wenn ihr mein persönliches bedauernswertes Schicksal sehr zu Herzen gehe. Ohne meine Antwort abzuwarten, drückte sie die Tür zu und schloss zweimal hinter sich ab.

Der Herr der Ringe, Teil 3, sollte im Freiluftkino am hintersten Ende des Osthafens gezeigt werden. Wir fuhren mit dem Motorroller, denn ich genoss es, wenn sie mich von hinten fest und doch zärtlich umklammerte. Da ich den Gepäckträger abmontiert hatte und eine äußerst sportliche Fahrweise an den Tag legte, ließ ich ihr keine andere Wahl, als bei mir den nötigen Halt zu finden.

Das Kinogelände war eingezäunt und mit Hunderten von weißen Gartenplastiksesseln bestuhlt. Ein herrlicher Sommertag neigte sich dem Ende zu und der Abend versprach zusätzliches Steigerungspotenzial. Ich hatte mich für die geschliffene dunkelgrüne Piloten-Sonnenbrille mit Goldrand entschieden, weil ich damit einfach besser aussah. 4 Dioptrien. Die langweilige Normalo-Brille wollte ich erst aufsetzen, wenn es dunkel genug geworden war.

Der Herr der Ringe hatte einen bombastischen Sound. Gesehen habe ich auch von diesem Film wenig, weil das Etui leer war, in dem der Brillentausch hätte stattfinden sollen. Ich hatte sie zum Augenbrauen-Stutzen auf den Waschtisch gelegt und dort vergessen. Die düsteren Bilder auf der Leinwand konnte ich nur schemenhaft erkennen und auch nur dann, wenn dort ein Feuer oder eine andere intensive Lichtquelle wie die gleißende Sonne im Spiel war. Durch den kargen visuellen Input wurde ich müde. Es machte keinen großen Unterschied, ob ich die Augen offen oder geschlossen hatte. Ich genoss den Super Dolby Sound. Nun verstand ich, warum Blinde behaupten, dass ihre restlichen Sinneswahrnehmungen in hohem Maße geschärft seien. Dass ihnen Gehör-, Tast- und Geruchssinn ein spektakuläres Gesamterlebnis böten, wie es sich ein Sehender nicht ausmalen kann. Ich fühlte nicht nur, wie die Erde unter den Wurzeln Baumbarts erzitterte, wenn er durch den Fangorn-Wald stapfte. Ein heftiger Wind schien aus Gollums Höhle herauszublasen. Der Wüstensand von Harad prasselte mir ins Gesicht. Grollender Donner schlug mir in die Magengrube. Nie vorher hatte ich Special Effects wie diese erlebt. Die Halbelbe Arwa erhob ihre durchdringende Stimme, als säße sie direkt neben mir: „Komm jetzt endlich, verdammt nochmal!"

Ich war wohl kurz eingenickt, schreckte auf. Meine Begleiterin musste schon mehrmals versucht haben, mich zu wecken. Um uns herum waren bereits alle geflüchtet. Ein mächtiges Gewitter zog auf. Der Film wurde vorzeitig abgebrochen. Die Leinwand blähte sich im Wind, als wäre sie das sturmgepeitschte Großsegel einer Piratenfregatte. Plastikstühle wirbelten durch die Luft. Ich sprang auf, meine Sonnenbrille fiel zu Boden, ein Glas zerbrach, die Scherben splitterten heraus. „Stellen wir uns da hinten unter?" „Nein", antwortete ich, „das schaffen wir leicht noch." Wir hetzten zum Roller. Keine Zeit, die Köpfe in die Helme zu quetschen.

In der Greflinger Straße setzte heftiger Regen ein. Was heißt Regen? Irgendjemand da oben schien mit riesigen Wasserkübeln, deren Inhalt hauptsächlich mir entgegenklatschte, Regensburg in ein zweites Atlantis verwandeln zu wollen. Dazu taubeneigroße Hagelkörner. Warum nur hatten wir die Helme nicht aufgesetzt? Zu spät. Das Auge, das von keinem Brillenglas geschützt war, kniff ich fest zusammen, um es in diesem Inferno nicht zu verlieren. Das andere riss ich so weit wie möglich auf, um im verschwommenen Dunkelgrün des inneren Stadtostens die Orientierung nicht vollends zu verlieren. Ich schrie nach hinten, dass sie mir das verbliebene Glas mit dem Zeigefinger wie mit einem Scheibenwischer auf schnellster Stufe abwischen solle. Sie blieb stumm, befolgte aber gehorsam die Anweisung, weil auch sie ihre Hufe nicht an einer alten Pappel im Alleengürtel hochreißen wollte. Bis auf die Knochen durchnässt kamen wir an. Im gleichen Moment, als ich den Motor abstellte, hörte das Unwetter schlagartig auf.

„Vielleicht wäre Unterstellen doch besser gewesen."

Sie antworte genauso wenig, wie sie mich die folgenden drei Tage, die ich mit schwerer Erkältung und Wärmflasche im Bett verbrachte, angemessen bemitleiden und umsorgen wollte.

Menschen, die sich in jungen Jahren bei Kinobesuchen unter freiem Himmel unwägbaren Gefahren aussetzen und gefährliche Abenteuer bestehen mussten, stecken das nicht so einfach weg. Sie brauchen Geborgenheit. Sie wünschen sich bei Filmvorführungen vier Wände, ein dichtes Dach und festen Boden unter den Füßen. In Regensburg bieten sich folgende Orte zur psychocinematischen Traumabewältigung an.

Andreasstadel: Zwei kleinere Vorführsäle zeigen ausgesuchte Filme, denen überwiegend das Prädikat „wertvoll" anhaftet. Familiäre Atmosphäre trifft auf hohe Filmkunst. Leider ist man nach dem Kinobesuch gezwungen, eine einladende italienische Gastwirtschaft zu durchqueren, was den Abend nicht selten verlängert und die Arbeitsfähigkeit am nächsten Tag erheblich beeinflussen kann.

Das Ostentor-Kino: ein Klassiker. Eine Institution. Eines der ältesten Programmkinos Regensburgs. Schon einige Male totgesagt und immer wieder auferstanden gilt das Ostentor-Kino als Trutzburg gegen Immobilienhaie und Investoren, die hier gerne lukrative Wohnblöcke bauen und verschachern wollten. 2014 unterschrieben 13.600 Personen eine Petition zum Erhalt dieser Kinokulturstätte, was seine Beliebtheit bei den Regensburgern eindrucksvoll belegt. Die angeschlossene Kinokneipe ist Kult.

Das Garbo: Seit es das Gloria nicht mehr gibt, ist das Garbo das zentralst gelegene Kino Regensburgs. Achim Hofbauer hält hier die Familientradition seines Vaters Werner aufrecht, der im vergangenen Jahrtausend untrennbar mit der Kinogeschichte Regensburgs verbunden war. Vom amerikanischen 3-D-Superheldendrama bis zu ambitionierten Selbstverwirklichungsversuchen regionaler Filmemacher gibt es dort eine breite Palette aktueller Produktionen zu sehen.

FilmGalerie im Leeren Beutel: Weitab vom Massengeschmack zeigt die FilmGalerie intensive, berührende Filme, Dokumentationen und Länder-Specials. Der Inbegriff des unangepassten Kinos mit sehenswerten Filmen.

Das Regina-Kino in Reinhausen kann mit vielen Deutschlandpremieren und einer langen Liste illustrer Gäste aufwarten. Hier wird gute, breit gestreute Kinounterhaltung geboten. Der kleinere Saal hieß früher Smokey und war vor der gesundheitsapostolischen Bekehrung ein Raucherkino mit integrierter Bar. Im großen Saal kann man die Filme quasi auch von oben herab betrachten. Das Regina ist eines der wenigen deutschen Kinos mit Balkon.

Nichts mehr zu berichten gibt es aus cineastischer Sicht vom Stali, vom Kammer, vom Bavaria, vom Gloria und vom Astoria. Um die einen ist es sehr, um andere, ehrlich gesagt, weniger schade.

DIE DULT: EINE GEISTERBAHNFAHRT

Das Regensburger Volksfest nennt sich Dult und findet alljährlich zweimal vierzehn Tage lang statt. Den Rest der Zeit kann man sich davon erholen. Früher machte es mir großen Spaß, im Außenbereich des Glöckl- oder Hahn-Zeltes eine Maß Bier zu trinken und die

Dultrundendreher zu beobachten. Das Wort „früher" soll vorbeugend signalisieren, dass ich noch unreif war und mir die Political Correctness von heute fehlte, wenn ich mir über andere Menschen Gedanken machte. Höflichkeit, Anstand und Rücksichtnahme fangen nämlich beim Denken an. Hat man einen Gedankenfetzen wie „Hackfresse" einmal ausgesprochen oder zu Papier gebracht, ist es zu spät.

Rückblickend darf ich von mir behaupten, dass ich ein äußerst feiger Mensch war. Der bin ich auch heute noch, nur fällt es weniger auf, da mir die gedankliche politische Unkorrektheit ebenso schleichend abhanden gekommen ist wie der Dult die Hackfressen. Ich wunderte mich jedes Mal aufs Neue, woher diese Leute kamen. Waren sie Außendienstrepräsentanten der weltweit erfolgreichsten, weil gruseligsten Geisterbahn? Waren sie einem geheimen Labor für Menschenversuche an der genmanipulatorischen Fakultät für erscheinungsbildliche Extravaganz an der Universität Regensburg entsprungen? Und falls nicht: Wo hielten sie sich in außerdultischen Jahreszeiten auf bzw. wo wurden sie versteckt gehalten? Wäre ich nicht so feige gewesen, hätte ich die Menschen direkt angesprochen, hätte sie gefragt, ob die eintätowierte Träne neben ihrer von rotblauen Adern durchzogenen Keulennase eine tiefere Bedeutung habe. Oder gesagt, dass in Anbetracht der Bauchfreiheit seiner in leuchtorange Leggins gepressten Begleitung der Freiheitsbegriff des Platonismus nicht als freie Entfaltungsmöglichkeit des Einzelnen interpretiert werden dürfe, sondern im Sinne der Herrschaft des Individuums über sich selbst. Vielleicht würde ich heute nicht mehr leben, aber ich wäre mit einem akzeptablen Selbstwertgefühl gestorben. Dennoch bewahrheiten sich die Floskeln, dass „nichts Gescheites nachkommt" und dass „früher alles besser war" auch und gerade beim Spezialsonderexklusivthema Dult. Schuld daran trägt die epidemische Ausbreitung der hochinfektiösen Dirndl- und Lederhosenseuche. Busse, die in Richtung Dult verkehren, erinnern beim Blick durch die Scheiben an Gefangenentransporte in Schuhplattler-Ästhetik. Der Nachschub an spatzenwadigen Betriebswirtschaftsstudenten in bestickten, kniescheibenkurzen Bisamratten-Lederhosen scheint ebenso wenig abreißen zu wollen, wie die vorgeglüht hereinwankende Zombie-Armee minderjähriger Polyesterdirndlträgerinnen. Runde für Runde, Stunde um Stunde wälzen sie sich apathisch über die Dult und verlassen sich auf die Mechanismen der Schwarmintelligenz, die sie im besten Fall wieder das promillös durchtränkte Rücktransportsystem finden, erkennen und nutzen lässt.

Den Gesetzen der kapitalistischen Marktwirtschaft folgend passen sich Angebot und Charakter der Fahrgeschäfte den Bedürfnissen und der Nachfrage des Publikums an. The Tower Event Center steht heute da, wo vor einem halben Leben meinen Freund das Schiffschaukeln fast selbiges gekostet hätte. Vielleicht um an diese tragische Begebenheit zu erinnern, speit ein metallfarbener Plastiktotenkopf vor dem Tower Event Center zischend Rauch aus. Vielleicht will uns der vernietete PVC-Eisenschädel sagen: „Lieber Passant. Du wirst nicht ahnen, was hier vor vielen Jahren dem besten Jugendfreund des berühmtesten Autors dieser Stadt widerfahren ist. Doch nimmst du dir einen Augenblick Zeit, entführe ich dich in die Dult der frühen Jahre, als die Maß noch die Hälfte, also ein Viertel kostete, weil sich die noch zu erzählende Tragödie zu Zeiten der D-Mark ereignete."

Der Freund hatte bereits ein halbes Gockerl, zwei Maß und das halbe halbe Gockerl seiner Verlobten, die wieder einmal eine Schlankheitskur machte, zu sich genommen. Als der Autor nachfragte, ob sie nicht gemeinsam eine Verdauungsrunde drehen wollten, bejahte der Freund dies wortlos. Schon wenige Meter hinter dem Zeltausgang blieb er vor den mit Hunderten von bunten Glühbirnen beleuchteten Schiffschaukeln stehen. Wer Schiffschaukeln nicht kennt, dem sei erklärt: Es handelt sich dabei um Schaukeln, in die sich 1 bis 4 Personen wie in einen Kahn setzen und diese dann aus eigener Körperkraft in Schwung bringen und halten. Familien schaukeln gemütlich, Verliebte romantisch und so weiter. Als Hardcore-Variante der Schiffschaukelei kann das Rund- oder Überschlagschaukeln bezeichnet werden. Da es im oberen Bereich keine Sperren gibt, kann der

Passagier 360 Grad um die Drehachse der Schaukel herumschwingen. Dazu sind Mut, Kraft und gute Koordination erforderlich. Übermäßiger Alkoholgenuss steigert den Mut, beeinträchtigt die Kraft unerheblich, verringert jedoch merklich die koordinativen Fähigkeiten. Der Freund wollte es dennoch versuchen. Wohl auch um seiner Liebsten, die bereits 4 Kilo abgenommen hatte und dadurch noch attraktiver auf andere Männer wirkte und welcher er in naher Zukunft einen Heiratsantrag machen wollte, zu imponieren. Einmal schaukeln zwei Mark, sechsmal schaukeln zehn Mark. Der Freund nahm den Mengenrabatt in Anspruch.

Ein sonnengegerbter Teilzeitmitreisender legte ihm den ledernen Sicherheitshüfthalter um, zurrte ihn fest und stieß die Schaukel zweimal an, damit sie in Schwung kam. Der Freund führte kniebeugenähnliche Bewegungen aus, verlagerte sein Gewicht dabei abwechselnd nach vorne und hinten. Anfangs sah es und sah er noch gut aus. Schnell gewann er an Höhe. Doch immer kurz vor dem Scheitelpunkt fiel das Schiff in die Richtung zurück, aus der es gekommen war. Der Freund machte weiter, wurde aber zusehends schwächer und bleicher. Die Gattin des Autors und die Verlobte des Freundes sahen nicht mehr zu. Sie wollten sich gebrannte Mandeln holen. Einige Male hatten sie zu ihm hinauf gerufen, dass er aufgeben solle, da sie allmählich nach Hause gehen wollten und der Schiffschaukelbremser auch irgendwann Feierabend machen wolle. Die Oberschenkel des Freundes versagten ihren Dienst, sie verkrampften zu bewegungsunfähigen Lehmklumpen. Er wechselte die Technik. Mit durchgestreckten Beinen Schwung holen zu müssen, erwies sich als Handicap. Nun wirkte er weit weniger geschmeidig und hoffnungsfroh als in der ersten Viertelstunde. Seine Gesichtsfarbe changierte ins Grünliche. Die größtmögliche anzunehmende Katastrophe schien lediglich eine Frage der Zeit zu sein. Sie stellte sich nicht ein. Auf wackeligen Beinen verließ er schweißgebadet das Schiff. Er wankte wie ein Matrose, der nach schwerem Sturm auf hoher See erstmals wieder festen Boden unter den Füßen spürt. Der Autor musste ihn stützen und seelischen Beistand leisten. Als der Freund wieder aufblicken konnte und die Abwesenheit seiner Verlobten bemerkte, verfiel er in tiefe Melancholie. Er streifte mit Tränen in den Augen den Ring vom Finger und wollte ihn gerade in hohem Bogen davonschleudern. Da kam sie ihm mit einem strahlenden Lächeln entgegen. Sie drückte ihm ein Lebkuchenherz mit der Aufschrift „Mein Held“ in die Hand und einen schmatzenden Kuss auf die Lippen.

Statt uns diese herzzerreißende, dulthistorisch verbürgte Geschichte über die unendlich große Liebe zweier wundervoller Menschen zu erzählen, dröhnt eine blecherne Stimme aus der rechten Augenhöhle des qualmenden Totenkopfs: „Sie, ja genau, Sie! Haben Sie Lust auf einen Drink? Dann ist unsere Ebene 7 genau das Richtige für Sie. Hier genießen Sie in Lounge-Ambiente Cocktails sowie warme und kalte Getränke bei hervorragender Aussicht. The Tower Event Center – Unterhaltung auf höchstem Niveau. Einlass jetzt!“

REGIONALKRIMI-BESTSELLER-SCHREIB-KURS

Der Regionalkrimi gilt unter Kritikern als die Wollwurst unter den T-Bone-Steaks, als keimresistenter Eiterherd hochvirulenter Trivialliteratur-Geschwüre, der auf der Suche nach Wirten auch vor der Überschreitung der Grenze zum Analphabetismus nicht zurückschreckt. Das ist richtig. Deutschlandweit vertreiben sich grob geschätzt 10.000 Home-made-Krimi-Autoren die Zeit damit, Buchstaben mühselig zu Wörtern zu formen und daraus Krimis mit Lokalkolorit zusammenzubasteln. Das geht sehr einfach. Sinn macht es auch. Schließlich werden mit Regionalkrimis jährlich um die hundert Millionen Euro umgesetzt. Wer zu den wenigen Menschen gehört, die selbst noch keinen Regionalkrimi geschrieben haben, erhält nachfolgend eine detaillierte Anleitung dazu, wie es geht.

Man muss keineswegs Regensburgerin oder Regensburger sein, um einen regionalen Top-Seller herauszubringen. Man braucht Regensburg auch nicht besucht oder zufällig im Fernsehen gesehen zu haben. Der Schreibkurs macht keine Unterschiede bezüglich der Herkunft, des Geschlechts, der Intelligenz, des Glaubens, der Hautfarbe, des Alters, des Berufs- und Bildungsstandes oder des Verwandtschaftsgrades der Teilnehmer zum Kursleiter. Er befähigt nicht nur zum Schreiben eines x-beliebigen, durchschnittlichen Krimis. Wer sich Schritt für Schritt an die Vorgaben hält, wird schon bald zu den besten zehn Regionalkrimi-Autoren Regensburgs zählen und einen garantierten Mindestumsatz von 1,2 Millionen im ersten Jahr der Veröffentlichung erwirtschaften. Es wäre ein Fehler, sich von einem „ausreichend" oder „ungenügend" im Fach Deutsch im Abschlusszeugnis einer nicht weiterführenden Schule vom Schreiben abhalten zu lassen. Schule ist nicht das wahre Leben. Die Fähigkeit eines Autors kristallisiert sich zudem oftmals erst heraus, wenn sein Werk in andere Sprachen übersetzt wurde. Durch die Rückübersetzung ins Deutsche kann es abermals an Qualität gewinnen. Dies alles muss aber als Zukunftsmusik betrachtet werden. Zunächst ist harte Arbeit gefragt.

Der einfachste Weg: Wer keinen Bock auf Schreiben hat, sollte sich zu nichts zwingen. Einfach in die nächste Buchhandlung gehen und sich aus dem Ramschkorb einen Regensburg-Thriller für 50 Cent herauspicken. Im Internet nachsehen, ob es den Verlag noch gibt. Ja? Das Buch kaufen. Zu Hause dem Verlag eine E-Mail schreiben, ob die Möglichkeit bestehe, denselben Roman unter einem neuen Autorennamen zu veröffentlichen. Ja? Wie viel der Verlag dafür verlangen würde? Liegt das Angebot unter 150 Euro, sollte sofort zugeschlagen werden, damit einem kein anderer zuvorkommt. Auch wenn der Original-Krimi ein Reinfall war, muss das nicht heißen, dass die neue Version kein Bestseller werden könnte. Das geflügelte Wort „It's the singer, not the song" gilt auch für den Regensburg-Krimi: It's the writer, not the story.

Der kostspieligere einfache Weg: Kaufen Sie einen erfolgreichen Regionalkrimi aus Köln, Berlin oder Hamburg zum Originalpreis. Ändern Sie alle darin vorkommenden Namen. Dann alle Locations. Schreiben Sie zum Beispiel „Regensburger Dom“ statt „Kölner Dom“. Ändern Sie alle Begrüßungs- und Abschiedsformeln: Aus „tschüss“ wird „servus“, aus „Guten Morgen“ wird „servus“, aus „Mahlzeit“ wird „servus“ und so weiter. Fertig.

Sie wollen es sich nicht so leicht machen, sind mit Herz und Seele Autor und mit Feuereifer bei der Sache? Umso besser. Schreiben Sie unter strikter Beachtung der 5 goldenen Regensburg-Regionalkrimi-Regeln drauf los. Das Ergebnis wird für sich sprechen.

1. Der Titel

Mit der Kreation eines einzigartigen, zugkräftigen Titels mit eindeutigem Regensburg-Bezug steht und fällt der Erfolg des Krimis. Bauen Sie deshalb Regensburg auffällig in den Titel oder den Untertitel ein. Beispiele: „Der Regensburg-Mörder“, „Der Massenwürger aus Regensburg“, „Überall ganz viel Blut in Regensburg“, „Ermordete Leichen pflastern den Neupfarrplatz – Ein Regensburg-Krimi“, „Der grausame Tod eines unschuldigen Opfers – Ein Regensburg-Thriller“ oder „Die Bluthunde von Reinhausen – Der Regensburger Thriller-Krimi mit vielen Einkaufstipps für Alt und Jung“.

2. Das Cover

Die meisten Bücher werden nicht gelesen, sondern verschenkt. Der Krimi sollte deshalb auf den ersten Blick etwas hermachen. Die Motive Steinerne Brücke oder Dom sind mit einem Messer, einer Pistole, Blut oder Einschusslöchern zu kombinieren. Eine Überladung mit zu vielen Elementen sollte vermieden werden, da sonst für den Folge-Regensburg-Krimi keine unverbrauchten Motive mehr zu Verfügung stehen.

3. Die Story

Von 1974 bis 1998 entstanden 281 Derrick-Episoden mit Horst Tappert und 97 Der-Kommissar-Folgen mit Erik Ode in der Hauptrolle. Die Handlungsstränge sind einfach gehalten, die Fälle auch für einen Regensburger Provinz-Oberinspektor auf hundertfünfzig Seiten lösbar. Sehen Sie sich die Sendung komplett und ohne Schnellvorlauf an. Erzählen Sie die Handlung originalgetreu nach, nicht dass sich durch Ihre Eigeninitiative logische Fehler einschleichen. Schreiben Sie das Ganze auf. Die Namen und Handlungsorte aus dem Original ersetzen Sie zunächst durch Pünktchen. Die weitere Vorgehensweise entspricht der, wie sie bereits unter „Der kostspieligere einfache Weg“ beschrieben wurde.

4. Die Ermittler

Zwei zündende Namen für den Kommissar und seinen Handlanger sind erforderlich, um den Krimi Regensburg-tauglich zu machen. Orientieren Sie sich dabei nicht am Original. „Erich Öde“ oder „Der Rick“ liegen zwar nahe, eignen sich jedoch nicht, wenn mittelfristig haltlose Plagiatsvorwürfe abgewehrt werden müssen. Dennoch können Horst Tappert und Fritz Wepper als Blaupause dienen. Der Chef sollte immer mit Kommissar und seinem Nachnamen (Derrick) genannt werden, für den Assistenten reicht der Vorname (Harry). Von vermeintlich lustigen Namensgebungen (Kommissar Dipferlscheißer, Inspektor Woamduscher) ist abzusehen, weil sie von der eigentlichen Handlung ablenken und den Spannungsbogen negativ beeinträchtigen. Besser: Kommissar Bremminger, Kandlbinder oder Mooseder. Der Assistent: Schorsch, Franzl, Sepp.

Wer seinem Krimi zusätzlich Esprit und regionale Weltläufigkeit verleihen will, spielt unterschwellig auf die Bezeichnung Regensburgs als nördlichste Stadt Italiens an und nennt die Ermittler Commissario oder Ispettore. Toskana-affine Gymnasiallehrerinnen werden Ihre Romane verschlingen. Um diese Zielgruppe noch stärker an sich zu binden, kann dem Namen des Kommissars ein „O“ angefügt werden:

Commissario Bremmingero. Auch hier gilt, weniger ist mehr. Der Gehilfe muss seinen bayerischen Namen beibehalten, damit das Ganze nicht in Richtung Amore mio und Caprifischer entgleitet.

5. Sponsoring

Der regionale Buchmarkt birgt Chancen, aber auch Risiken. Möglicherweise haben Sie eine der vier vorangegangenen Regeln falsch verstanden oder nicht befolgt. Schon wird aus dem potentiellen Spitzenreiter der Spiegel-Bestsellerliste ein Rohrkrepierer, der nicht einmal mehr zu seinem Brennwert an die Frau oder den Mann gebracht werden kann. Um ein finanzielles Desaster auszuschließen, sollten Sie möglichst viele gut zahlende Sponsoren beiläufig in die Handlung einbauen. Am besten so, dass es dem Leser zwar nicht auffällt, der Name der unterstützenden Metzgerei aber bis zum nächsten Salamisemmelheißhunger im Gedächtnis haften bleibt.

Zum Beweis, dass nicht mehr als 5 goldene Regeln für einen perfekten, spannenden und erfolgreichen Regensburg-Krimi nötig sind, hier eine mögliche Umsetzung, die gerne von Kursteilnehmern 1 zu 1 verwendet werden kann, wenn es der Sache dient.

Titel: Die total brutalen Morde des einbeinigen Glöckners vom Kloster St. Emmeram – ein mitreißender Regensburg-Thriller nach einer wahren Begebenheit

Das Cover zeigt das Hauptportal des Doms mit sieben Einschusslöchern, durch die man den Chor der Regensburger Domspatzen singen sehen kann.

Die Story ist aus der Folge „Der Kommissar – Ein rätselhafter Mord" abgeschrieben und nach der Regensburger Regonalkrimibestseller-Leitlinie modifiziert.

Ein dunkler, feuchter Abend in Regensburg. Die 19-Uhr-Vorstellung des Garbo-Kinos neigt sich dem Ende zu. Mirko Schuppenknecht war bei dem französischen Arthouse-Film mit deutschen Untertiteln schon nach 20 Minuten eingeschlafen. Nun schreckt er auf, weil eine kurze Sequenz lang im Film nicht gesprochen wird. Er zieht seinen Trenchcoat an und verlässt das Kino durch die knarrende Seitentür. Leichter Nieselregen. Mit der rechten Hand schützt er seine Zigarette und zündet sie gleichzeitig mit der Linken an. Erst beim zweiten Versuch funktioniert das silberfarbene Benzinfeuerzeug. Lässig schlendert er in Richtung Weißgerbergraben. Vielleicht wird er im Restaurant Exil, das auf der gegenüberliegenden Seite von 17 Uhr bis 23 Uhr hervorragende Speisen zu gemäßigten Preisen anbietet, noch eine wohlschmeckende, glutenfreie asiatische Hähnchenpfanne essen. Aber nur vielleicht. Das Schicksal meint es anders mit ihm. Quietschende Reifen durchschneiden wie ein superscharfes Rasiermesser die friedliche Stille der unvergleichlich schönen Altstadt. Vom Arnulfsplatz her rast ein PS-starkes und dabei umweltfreundliches und kostengünstiges Opel-Cabrio vom Autohaus Wilker auf Schuppenknecht zu. Ein Schuss fetzt durch die Nacht und hallt zur Keplerstraße hinunter mehrere Male nach. Schuppenknecht bricht zusammen. Er krümmt sich vor Schmerz und wälzt sich auf dem Trottoir hin und her. Sein Gesicht verzerrt sich zu einem stummen Schrei. Hat sein letztes Stündlein geschlagen? Werden das die finalen Atemzüge in seinem geliebten Geburtsort Regensburg sein, in dem er vor fast 24 Jahren im Kreißsaal der Barmherzigen Brüder in der Prüfeninger Straße das Licht der Welt erblickt hatte? Ein vortödliches Aufbäumen. Leblos bleibt er rücklings auf dem nässlich schimmernden Kopfsteinpflaster liegen. Der laute Knall reißt Steffen, den netten Garbo-Kinokartenverkäufer und Filmvorführer, aus seiner Konzentration. Er lässt die Tagesabrechnung Tagesabrechnung sein und rennt hinaus auf die Straße. Von der anderen Seite stürzt Marie, die Exil-Bedienung, welche im richtigen Leben im fünften Semester Jura studiert, in einer knallengen, brandheißen Lackleder-Jeans auf den Erschossenen zu.

Steffen: „Was ist denn mit dem?"

Marie: „Ich weiß nicht."

Blaulicht. Die Einsatzwägen der Polizeiinspektion Regensburg Süd kommen erst spät am Tatort an. Noch vor wenigen Monaten stand gleich um die Ecke die Polizeidienststelle „Am Jakobstor". Wäre diese nicht durch ein Hotel ersetzt worden, hätten die Beamten den oder die Täter noch auf frischer Tat ertappen oder wenigstens in einer spektakulären Verfolgungsjagd durch die Stadt hetzen und quasi in flagranti stellen können. Aber die Zeit lässt sich nicht zurückdrehen. Als Ispettore de Erico und sein Assistent Schorsch Schmalhammer am Tatort ankommen, hat sich bereits eine Traube Schaulustiger gebildet. Der Ispettore und Schorsch lehnen lässig an ihrem 3er BMW, der aus dem nahegelegenen, hochmodernen Werk in Harting stammt.

„Wir sind hier fertig, Ispettore", gibt der Gerichtsmediziner im Vorbeigehen den Tatort frei.

„Danke Ihnen."

Schorsch: „Der Mann heißt Mirko Schuppenknecht. 23 Jahre alt. Student. Wohnhaft Maximilianstraße 30a."

„Interessant. In dieser Straße steht doch auch das traditionsreiche Café Fürstenhof mit seinen unvergleichlichen Brunch-Angeboten an Sonn- und Feiertagen."

„Richtig, Ispettore. Der Mann kam aus dem Kino und wurde hier erschossen."

„Ja, Schorsch. In den Rücken geschossen. Wo sind die Zeugen?"

Marie: „Ich hörte nur einen Knall. Ich dachte, es war eine Fehlzündung."

„Feeeehlzündung", fällt ihr Steffen mit einem überheblichen Unterton ins Wort. „Das war ein Schuss. Und ich wusste sofort, dass das ein Schuss war. Menschenskind, denk ich, wer schießt denn hier?"

„Und das Opfer lag schon?", will Schorsch es genau wissen.

Steffen: „Nein, er bäumte sich nochmal auf."

Marie: „Ja, es war ganz schrecklich. Er bäumte sich immer wieder auf. Er schien in seinen letzten Sekunden auf das kürzlich renovierte Regensburger Stadttheater blicken zu wollen."

„Das könnte ein Hinweis auf den Mörder sein", meint Schorsch.

„Hm." Ispettore de Erico zündet sich eine sandgestrahlte Friddo-Pfeife mit langem Buchenholzmundstück von Tabak Gütz an.
„Haben Sie jemanden weglaufen sehen?", wendet sich der Ispettore nochmal an die Zeugen.
Steffen: „Nein."
„Sie haben also niemanden gesehen?"
Marie: „Doch. Aber der lief nicht weg, sondern brauste mit dem Auto davon."
Schorsch: „Marke? Typ?"
Marie: „Ein SUV vom Volkswagenzentrum Wunderlich mit Grünmetallic-Sonderlackierung, Heckspoilern und Vierfachauspuff."
Steffen sieht Marie misstrauisch an, kann sich aber selbst nicht mehr so genau an den Tathergang erinnern, sodass er die Aussage verbessern oder Marie Lügen strafen könnte.
Plötzlich wird Marie kreidebleich. Sie deutet auf den Toten und stottert: „D-d-d-d-das ist ja Mirko!"
„Sie kennen den Toten?"
Marie bricht in Tränen aus und erzählt den Beamten, dass Mirko und sie ein Liebespaar waren. Zudem hätten sie miteinander studiert.
De Erico: „Und das fällt Ihnen erst jetzt ein, kleines Fräulein?"
„Entschuldigen Sie, Ispettore. Das muss der Schock gewesen sein."
„Wann haben Sie das Opfer zum letzten Mal lebend gesehen?"
„Kurz vor Beginn meiner Schicht. Er wollte noch ins Kino und dann zu mir ins Exil kommen."
„Gut. Sie können gehen. Aber halten Sie sich zu unserer Verfügung."
Der Ispettore sieht, dass sich vis a vis vom Kino in einem Fenster im vierten Stock die Gardine bewegt.
„Schorsch, die Leute da oben könnten etwas gesehen haben. Wir müssen das ganze Haus befragen."
Der Ispettore klingelt bei Familie Schöne an der Wohnungstür.
„Guten Abend, Frau Schöne, mein Name ist Schmalhofer, Georg Schmalhofer, und das ist mein Chef, Ispettore de Erico. Wir sind von der Regensburger Kriminalpolizei."

„Kriminalpolizei?“
„Ja, wir hätten ein paar Fragen an Sie. Sie sind doch Frau Schöne?“
„Mnja.“
„Sie wissen, was eben auf der Straße passiert ist?“
„Ja, da ist jemand erschossen worden.“
„Wir wollten fragen, ob Sie vielleicht etwas gesehen oder gehört haben.“
„Nein, nein, ich hab nichts gesehen. Ich hab nichts gesehen und nichts gehört.“
„Können wir trotzdem reinkommen?“
„Ja, kommen Sie rein!“
„Sie haben doch Zimmer zur Straße hinaus. Dürfen wir die mal sehen?“
„Aber ich habe Ihnen doch gesagt, dass ich nichts gesehen und gehört habe.“
Der Ispettore geht zum Fenster und öffnet die Vorhänge.
Schorsch: „Was halten Sie von der Frau, Ispettore?“
„Ach, das weiß man nie.“
Der Ispettore wendet sich an Frau Schöne: „Vor etwa einer Stunde ist unten auf der Straße ein junger Mann erschossen worden. Waren Sie zu Hause? Sie müssen doch etwas gehört haben.“
„Ich war in der Küche. Das Wasser lief. Und das Radio. Ich habe abgewaschen.“
„Haben Sie keinen Geschirrspüler?“
„Der ist kaputt.“
„Aha, kaputt also“, reagiert Schorsch argwöhnisch. „War sonst noch jemand in der Wohnung?“
„Sonst noch jemand? Nein, sonst war niemand da.“
„Rauchen Sie, Frau Schöne?“
„Rauchen? Nein.“
Der Ispettore zeigt auf den Kristallglas-Aschenbecher, in dem sieben Zigarettenstummel liegen. Frau Schöne zuckt zusammen. „Warum wollen Sie das alles so genau wissen?“

„Der Mann wurde aus dem Fenster heraus erschossen. Und der Eintrittswinkel des Schusskanals deutet darauf hin, dass der Täter aus dem dritten oder vierten Stock geschossen haben muss."
„Aber Herr Ispettore, der ist doch mit einem Höllentempo in einem schwarzen Jaguar vom Autohaus Dickinger davongebraust."
„Aha, dann haben Sie also doch etwas gesehen."
„Nicht so richtig. Ich bin nur kurz zum Fenster, als ich den Schuss gehört habe."
„Ach, dann haben Sie doch etwas gehört."
„Ja, aber nur ganz leise. Also fast nichts."
„Gut, lassen wir das. Wem gehören die Zigaretten hier?"
„Meinem Mann, der ist in der Arbeit. Seit 15 Uhr."
„Dafür fühlen sich die Zigaretten aber noch recht warm an. So. Das wär's. Sie waren in der Wohnung, haben aber den Schuss nicht oder nur ganz leise gehört. Das Wasser lief. Vielleicht hatten wir auch noch Geräusche aus dem Hinterhof?"
„Ja, da knatterte ein Motorrad. So laut, dass man sein eigenes Wort nicht verstanden hätte, wenn jemand bei mir gewesen wäre, mit dem ich gesprochen hätte."
„Ach, Frau Schöne. Wann, sagten Sie, ging Ihr Mann?"
„So um 17 Uhr. Das habe ich Ihnen doch schon gesagt."
„Danke. Frau Schöne, Sie werden Ihre Aussage nochmal schriftlich machen müssen. Und unterschreiben."
„Ja. Gute Nacht."
Der Ispettore und Schorsch steigen langsam das Treppenhaus des Gebäudes aus den 50er Jahren hinunter, das in Kürze von der Bauträgerunternehmung Stiegl entkernt und renoviert wird. Die neuen Wohnungen haben Niedrigsthausstandard und entsprechen höchsten ökologischen Ansprüchen. Besichtigungen sind ab Mai jederzeit nach vorheriger Absprache möglich.
Schorsch: „Irgendetwas stimmt mit der Frau nicht."
De Erico: „Ja. Ich glaube nicht, dass sie die Wahrheit sagt. Wir müssen herausfinden, welchen Beruf ihr Mann hat."

Schorsch: „Wir hätten sie fragen können."
De Erico: „Dann hätte sie Verdacht geschöpft. Wir müssen sie weiter in Sicherheit wiegen."
Auf halber Treppe kommt ihnen ein gekrümmt heraufschleichender Kerl entgegen. Als er die Beamten sieht, zuckt er zusammen.
„Sagen Sie, wollen Sie was?"
„Nein, nein. Nichts."
Statt an ihnen vorbeizugehen, dreht der Bucklige ab und hüpft die Treppen so schnell nach unten, wie es sein steifes linkes Bein zulässt.
„Armes Geschöpf", zeigt de Erico Mitgefühl, „aber nicht immer ist der oder das, was jemand zu sein scheint, auch der oder das, was er in Wirklichkeit ist."
„Oder ‚die', Ispettore."
„Richtig, oder ‚die'. Schorsch, wir brauchen den Wagen. Sofort."
„Ja, Ispettore. Sofort."
Der Tote wird gerade ins zweiflügelige Heck des komfortablen Leichenwagens von Exklusiv-Bestattungen „Friedensengel" geschoben. Wo kurz zuvor noch das Opfer lag, ziert nun eine mit dicker, wasserfester Kreide von Farben Eckehart aufs Pflaster gemalte Kontur den Weißgerbergraben. Bevor de Erico in den BMW steigt, spricht er die Schaulustigen harsch an: „Gaffen Sie nicht so blöde! Machen Sie, dass Sie hier wegkommen! Der Mann ist tot. Hier gibt es nichts mehr für Sie zu sehen."
„Wohin fahren wir, Chef?"
„Zum Orkan in der Holzländestraße. Ich bekomme langsam Appetit."
„Aber sitzt da nicht immer diese aufdringliche Kommissarin Lukas?"
„Sie haben Recht, Schorsch. Aber das ist nur eine Schauspielerin. Verstehen Sie? Keine richtige Kommissarin. Nicht einmal eine Polizistin. Vor der brauchen wir uns nicht zu verstecken. Wir werden sie ignorieren."
Schorsch: „Ispettore, Sie haben gesagt, Sie vermuten einen Zusammenhang zum Mordfall von heute früh. Wie kommen Sie darauf?"

Rückblick: Wieder einer dieser grauen Morgen in der nördlichsten Stadt Italiens. „Grau und Grauen", grübelte Ispettore de Erico, der seinen Gardasee-Urlaub vorzeitig abbrechen hatte müssen, halblaut nach, „wenn das kein Wink des Schicksals ist." Das Grauen lag nämlich schon seit über einem halben Jahr wie ein undurchsichtiger, dunkler Putzlappen über der Stadt. Die achte Leiche in knapp sechs Monaten. Er war gespannt, wie der Mörder sein Opfer diesmal zugerichtet haben würde. Je näher er dem Donauufer kam, an dem die kostengünstigen Tagesfahrten des kundenfreundlichen Schifffahrtsunternehmens Dirmuczovsci ab 8 Uhr halbstündlich anlegten, desto tiefer verfiel er in trübsinnige Gedanken. Der Nebel stülpte sich wie samtweiche Wattepads in die noch nachttrunkenen Gassen. Dort vorne unter den halb verrosteten Pfeilern der Eisernen Brücke musste es sein.

„Guten Morgen, Ispettore. Was machen Sie denn hier? Ich dachte, Sie hätten noch bis zum Wochenende Urlaub."

„Hätte, hätte, Fahrradkette, Kollege. Glauben Sie, ich kann mir in der Hafenbar von Limone ein Waltenberger Dunkel nach dem anderen reinpfeifen, wenn es in Regensburg die grausamste Mordserie aller Zeiten aufzuklären gibt? Wo liegt die Leiche?"

„Dort hinter dem Pfeiler. Aber ‚liegen' wäre der falsche Ausdruck."

„Darf ich die Tote schon runterschneiden, Ispettore?", fragt der Gerichtsmediziner, der auf einer robusten, abknickbaren Aluteleskopleiter steht.

„Sonderangebot aus dem aktuellen Katalog vom Koom-Baumarkt", stellt Schorsch mit fachmännischem Heimwerkerblick fest.

„Irgendwelche Besonderheiten?"

„Nein, Ispettore, wie immer", fasst der Gerichtsmediziner zusammen. „Trotz all dem Blut, den Fleischklumpen und den abgeschabten Hautfetzen, nicht der geringste Hinweis auf den Mörder. Ein gerissener Profi, der keine Fehler zu machen scheint."

„Jeder Mensch macht irgendwann einen Fehler, Doktorchen. Und wenn es soweit ist, schnappen wir ihn uns."

Im Orkan bedient der wortkargste Wirt der Welt. Das kommt de Erico und Schmalhammer entgegen, weil sie durch kein „Darf ich noch etwas bringen?“ oder „Hat es einigermaßen geschmeckt?“ aus ihrer konzentrierten Ermittlungsarbeit gerissen werden.
„Schon Nummer neun, Schorsch. Und die letzten beiden Opfer hat es an einem einzigen Tag erwischt. Das heißt, der Täter erhöht die Schlagzahl.“
„Aber Ispettore, ich kann keinen Zusammenhang erkennen. Die Mordfälle sind doch grundverschieden. Heute Morgen die grauenhaft massakrierte Leiche am Brückenpfeiler. Ganz klar die Tat eines Wahnsinnigen, eines Verrückten, eines total Übergeschnappten. Und das eben war doch nur ein Schuss von hinten. Eine saubere Sache. Feige aus dem Auto heraus. Eiskalt und emotionslos.“
„Auf den ersten Blick ja, Schorsch. Aber irgendetwas sagt mir, dass hier ein und derselbe Täter am Werk war.“
Kommissarin Lukas sitzt drei Tische weiter. Sie sucht den Blickkontakt zum Ispettore. Immer wenn sie meint, er würde gerade in ihre Richtung schauen, winkt sie ihm aufgeregt und etwas tapsig zu.
„Ispettore!“ Schorsch hält sich die Hand vor den Mund wie ein Fußballprofi, der mit einem Mannschaftskameraden eine Freistoßvariante abspricht. „Haben Sie die Lukas schon gesehen?“
„Nicht hinschauen, Schorsch. Nicht hinschauen.“
Die Fernsehkommissarin kommt an den Tisch und fragt, ob sie sich dazusetzen darf. De Erico lügt, dass sie noch auf zwei weitere Kollegen warten und sie außerdem etwas streng Vertrauliches und Dienstliches zu besprechen hätten.
„Oh, ach so. Das verstehe ich. Ich wollte nur fragen, ob Sie von der Spusi schon die Information bekommen haben, aus welchem Material die tödliche Kugel war.“
„Könnten Sie uns jetzt bitte alleine lassen!“
„Natürlich. War schön, Sie mal wieder getroffen zu haben.“
„Was meint sie damit, Ispettore?“

„Papperlapapp. Aus welchem Material sollten Pistolenkugeln schon sein. Aus Kugelmaterial natürlich. Der Alten sind wohl die Einschaltquoten zu Kopf gestiegen."
„Und wenn sie doch recht hat, Ispettore?"
„Dann werden wir das spätestens morgen früh erfahren, Schorsch."

Ispettore de Erico ist am nächsten Morgen der Erste im Büro. Die Frage nach dem Material der Kugeln hat ihn die halbe Nacht nicht schlafen lassen. Bereits fünfmal versuchte er Fredowsky, den Leiter der Spurensicherung, zu erreichen. Punkt 7:30 Uhr nimmt jemand den Hörer ab.
„Fredowsky, guten Morgen."
„Guten Morgen, Fredowsky. Ispettore de Erico am Apparat. Ich hätte da eine Frage bezüglich ..."
„... bezüglich des Materials der Kugeln, Ispettore. Hätte ich mir ja denken können, dass das Ihrem siebten Sinn nicht entgangen sein kann."
„Dann lassen Sie mal hören."
„Die Kugel, die Mirko Schuppenknecht von hinten traf, war keine normale."
„Sondern? Los! Raus mit der Sprache, Fredowsky!"
„Eine Paulownia-Holzkugel."
„Eine was?"
„Paulownia, Ispettore, ist der Oberbegriff für sämtliche Arten der Blauglockenbaumgewächse. Diese zeichnen sich durch ihr rasantes Wachstum aus. Gleichzeitig durch ihre enorme Härte. Und jetzt kommt's: Nicht nur die tödliche Kugel aus Schuppenknechts Körper besteht aus diesem Holz."
„Kommen Sie auf den Punkt, Fredowsky!"
„Die Stöcke, mit denen die anderen acht Opfer des letzten Halbjahres gepfählt und die Kreuze, an die sie getackert wurden, sind aus demselben Holz."
„Diese verdammte Lukas."

„Wie bitte?"
„Damit hat sich mein Anfangsverdacht erhärtet. Danke, Fredowsky. Eine Frage noch: Wenn ich mir selbst so ein Blauglockenbaumgewächs besorgen wollte. Wohin müsste ich gehen?"
„Einfach zu beantworten. Den Exklusivvertrieb in Europa hat das fachkompetente Sanitätshaus Weiser am Neupfarrplatz."
„Ein Sanitätshaus? Ich hätte eher an so etwas wie das Pflanzenparadies Schwemmer mit seiner Riesenauswahl an einheimischen und exotischen Garten- und Zimmerpflanzen in der Bajuwarenstraße gedacht."
„Sie müssen wissen, Ispettore, dass das Holz der Paulownia sich durch seine enorme Härte und seine äußerst glatte Oberfläche auszeichnet. Es wird als Edelholz für die Herstellung von hochwertigen Möbeln, für Musikinstrumente sowie für den Fahrzeug- und Bootsbau verwendet."
„Das hat doch alles sehr wenig mit einem Sanitätshaus zu tun."
„Schon. Aber der überwiegende Teil geht in die Herstellung von Beinprothesen. Paulownia gilt als das Aluminium unter den Holzarten."
„Daraus werden Holzbeine gemacht?"
„Vereinfacht könnte man es so ausdrücken."
Schmalhammer kommt ins Büro und will seinen Mantel aufhängen.
„Lass ihn gleich an. Wir fahren zu den Schönes."
Auf der Fahrt erfährt Schorsch alles über die neusten Entwicklungen. Noch kann er sich keinen Reim darauf machen.
„Guten Morgen, Frau Schöne. Ist Ihr Mann zu Hause?"
„Was wollen Sie denn von uns? Was wollen Sie von ihm? Nein, er ist nicht zu Hause. Er ist in der Arbeit."
„Schon wieder? Oder noch immer? Ihr Gatte scheint ja mordsfleißig zu sein. Was und wo arbeitet er denn eigentlich?"
„Ich weiß nicht, was Sie das angeht. Aber er ist Glöckner im Kloster Sankt Emmeram."
Schorsch blättert in seinem kleinen Notizblock ein paar Seiten zurück und zeigt dem Ispettore eine Skizze.

De Erico nickt.
„Wie sieht Ihr Mann aus, Frau Schöne?“
„Was meinen Sie damit? Wie er aussieht. Ganz normal. Ein ganz normaler Mann ist er.“
„Wir haben gestern im Treppenhaus jemanden getroffen. Er hatte die Augen nicht auf gleicher Höhe im Gesicht, einen Buckel und er hinkte. Passt diese Beschreibung auf Ihren Mann?“
„Das könnte er gewesen sein. Warum?“
„Weil er die Flucht ergriff, als er uns sah. Haben Sie eine Vermutung, warum er das tat?“
„Da müssen Sie sich getäuscht haben, Ispettore.“
„Ach so. Dann sehen Sie doch mal auf die Skizze meines Kollegen. Er hat die Zeugenaussagen in einer detaillierten Tusche-Zeichnung umgesetzt.“
„Ja und?“
„Der letzte Blick des Opfers richtete sich auf das Stadttheater. Damit wollte es uns einen Hinweis auf den Täter geben. Die Verlängerung der Sichtlinie zeigt mutmaßlich in Richtung Bismarckplatz und damit zur ‚Neuen Filmbühne‘ hin, die nicht nur leckere Frühstücke, sondern auch schmackhafte warme Mahlzeiten aus aller Herren Länder offeriert. Berechnet man jedoch die durch den Augenquerstand verursachte Blickachsenverschiebung des Täters ein, auf welche uns der Sterbende aufmerksam machen wollte, läuft die gedachte Linie schnurgerade auf Sankt Emmeram zu. Eindeutiger geht es wohl nicht.“
Schorsch: „Es geht noch eindeutiger. Ebenfalls in der gedachten Sichtlinie befindet sich am Arnulfsplatz eine Litfaßsäule, auf der mit Plakaten für die Aufführung ‚Die Schöne und das Biest‘ geworben wird.“
De Erico: „Die Schöne und das Biest. Verstehen Sie, Frau Schöne?“
„Ich verstehe. Und ich gestehe. Bin ich jetzt verhaftet?“
„Das kommt darauf an, was Sie uns zu erzählen haben.“
„Gut. Kommen Sie herein. Das ist eine längere Geschichte.“

Die drei setzen sich an den kleinen Küchentisch mit Resopal-Platte. „Mein Mann arbeitet schon seit 15 Jahren als Glöckner auf Sankt Emmeram. Vor ungefähr einem Dreivierteljahr stellte sich heraus, dass er gar nicht taub war, wie er dreiundvierzig Jahre lang angenommen hatte. Dr. Murhäuser von der medizintechnischen HNO-Klinik am Stobäusplatz entfernte ihm in einer dreistündigen Operation zwei elsterneiergroße Schmalzverkrustungen aus den Ohren. Zunächst schien alles besser zu werden. Er hörte zum ersten Mal das Glockenläuten und wusste endlich, wofür er arbeitete. Leider kamen ihm nun auch die Frotzeleien, Sticheleien und abfälligen Bemerkungen über sein Aussehen zu Ohren. Käpt'n Holzbein und Hinkestinkemonster waren beileibe nicht die schlimmsten Ausdrücke, die er sich anhören musste. Als ich ihn einmal von der Arbeit abholte, fragte ein Tagestourist, ob etwa die schöne Meerjungfrau sich den holzbeinigen Buckelwal mit dem Glockenseil an Land ziehen wolle."

„Das erste Opfer!", weiß de Erico, was die Stunde geschlagen hat.

„So ist es. Werner beschloss, sich zu rächen. Und zwar an allen Männern, die sich über ihn lustig machten, um ihren Herzensdamen ein Lächeln auf die Lippen zu zaubern."

„Und warum Holz als Mordwaffe?"

„Werners Bein-Prothese war aus Paulownia-Holz. Er kaufte gleich mehrere. Sie wurden ja von der Kasse bezahlt. Daraus schnitzte er die Mordwerkzeuge. Die Opfer sollten beim Sterben so leiden wie er im Leben."

„Und warum hat er das letzte Opfer einfach erschossen und nicht so aufwendig massakriert wie die anderen?"

„Während einige Frauen die Witzeleien ihrer Begleiter für geschmacklos hielten, bog sich diese blöde Exil-Bedienung vor Lachen. Wir wollten auch sie strafen."

„Wir?"

„Natürlich. Wer, denken Sie, hat denn immer aufgeräumt, wenn er mit dem Gemetzel fertig war? Außerdem ging es auch um meine Ehre. Schließlich sind wir verheiratet."

„Erzählen Sie weiter. Wie wollten Sie Marie bestrafen?"
„Werner schnitzte wurzelfähige Setzlings-Kugeln als Munition für seine Pistole. Paulownia-Bäume wachsen innerhalb eines Jahres drei Meter hoch. Er stellte sich vor, wie die Frau an Allerheiligen ans Grab ihres Geliebten kommt, und dort steht ein Baum, der dem Toten die Brust durchstoßen hat."
Schorsch: „Da muss man auch erst mal drauf kommen."
De Erico: „Wer hat den Wagen gefahren? Wer geschossen?"
„Geschossen hat er, gefahren bin ich."
„Wann kommt Ihr Mann nach Hause?"
„Nach dem Zwölfuhr-Läuten, Ispettore."
„Dürfen wir hier auf ihn warten?"
„Gern. Möchten Sie in der Zeit noch die exquisiten Walnusstörtchen der Konditorei Bernsteiner, Regensburgs wahrscheinlich bester Pralinenmanufaktur der Welt, genießen? Dann gehe ich welche holen."

IM PRINZIP KAM IMMER IRGENDWELCHER ÄRGER HERAUS

Mitten in den 60ern, sieben Uhr früh. Die Stadt reibt sich den Schlaf aus den Augen. Wenig Verkehr. Vereinzelt holpern VW Käfer, Ford Taunus, Opel Rekord oder ein lahmer Buckelmercedes übers Kopfsteinpflaster. Durch den Stadtsüden braust ein knallrotes Austin Sprite Cabrio. Ein Hingucker. Genauso wie sein Fahrer. Er heißt Max Bockes und arbeitet als Automechaniker. Über einen Meter neunzig groß, pechschwarze Haare. Bockes sieht aus, als hätte man ihn gerade aus einem Hollywood-Schmachtfetzen herausgeschnitten, in dem er den frauenumschwärmten Helden spielt. Wer so aussieht und einen schicken Flitzer fährt, ist in Regensburg selbstredend bekannt wie ein bunter Hund. Und die Mädchenherzen fliegen ihm zu. Mit 19 wird er Vater. Von seinem spärlichen Lohn hätte er sich den Sportwagen nie leisten können. Er hatte ihn sich in der Werkstatt aus einem Unfallauto und Ersatzteilen zusammengebastelt.

Wie jeden Werktag stieg Bockes an diesem Morgen in der Ganghofersiedlung in seinen geliebten Austin und fuhr los. Dann die Katastrophe. In der Nibelungenstraße krachte ihm ein LKW ungebremst in die Fahrerseite. Bockes starb auf dem Weg ins Krankenhaus.

Mir gegenüber sitzt sein Sohn, Tom Bockes. Er war damals 3 Jahre alt. Jetzt ist er 57. Er erzählt mir die Geschichte vom Unfall seines Vaters, weil ich ihn nach dem Ursprung seines Faibles für schöne alte Autos gefragt habe. Er meint, dass er mit seinen extravaganten Fahrzeugen vielleicht die schöne Zeit von damals zurückholen will. Sein Vater hatte ihn nach der Arbeit manchmal hinter das Lenkrad gesetzt und er durfte so tun, als fahre er Auto. Irgendwann so einen schönen Wagen zu besitzen wie sein Vater einen hatte, steckte er sich früh als Lebensziel. Dieses hat er mittlerweile mehrfach erreicht: Alfa Romeo Spider, Heckflosse, Mercedes Pagode, verschiedene Porsches, eine Corvette und aktuell einen schwarzen 65er Ford Mustang mit 4,9 Liter-Maschine. Tom ist jemand, der seine Träume wahr macht und ihnen nicht nachhängt.

Er betreibt in Regensburg seit Unzeiten die Kultkneipe „Banane“ und seit mehreren Jahren das „Tarantino“. In den 90ern lernte ich ihn bei einem Konzert als aufgeschlossenen Menschen und sympathischen Wirt kennen. Ich wusste nichts von seinen wilden Jahren, konnte mir nicht vorstellen, dass er wirklich zu einer gefürchteten Rockerbande gehört haben soll. Dass er Regensburg über Jahre hinweg aufgemischt haben soll, wie es mir von mehreren Seiten zugetragen worden war. Was ist dran an den haarsträubenden Geschichten, dass er nackt mit seinem Motorrad die Treppe zur Diskothek Tangente hinunter und hinauf gefahren sein soll und dazwischen einen Burnout auf der Tanzfläche hingelegt hat? Stimmt es, dass es keine Disco in Regensburg gab, in der er nicht Hausverbot hatte? Ich möchte mehr über seine Vergangenheit und seinen Werdegang erfahren. Wir treffen uns in einem Wirtshaus im Stadtsüden.

Dein Leben im Schnelldurchlauf?

Meine Familie lebt schon seit Generationen hier in der Ganghofersiedlung. Opa war bei den Messerschmitt-Werken beschäftigt. Die Messerschmitt-Arbeiter bekamen kleine Siedlerhäuser und Wohnungen mit Gemüse-Gärten vom Werk gestellt. Die befanden sich in einiger Entfernung zum Fabrikgelände, weil man davon ausging, dass der Rüstungsbetrieb im Krieg bombardiert werden würde. Dem war auch so. Nach dem tödlichen Unfall meines Vaters lebte ich mit meiner Mutter in sehr beengten Verhältnissen. Sie wurde mit 20 Witwe, ich mit 3 Halbwaise. Trotzdem wuchs ich in familiärer Geborgenheit auf, was bei vielen anderen, die später Rocker wurden, nicht der Fall war. Meine Kindheit und Jugend verbrachte ich in der Ganghofersiedlung. Heute wohne ich noch immer bzw. wieder hier. Und zwar in einem Häuserblock zusammen mit meinen Kindern und Enkeln. Die Familie Bockes gibt es hier also schon in der 5. Generation.

Nach der Volksschule mühte ich mich mehrere Jahre am Gymnasium. Über 30 Verweise und eine gewisse Lernfaulheit sprachen eindeutig gegen den Weg zum Abitur. Die Mittlere Reife hingegen war ein Selbstläufer. Aber das war alles nicht meins. Dann begann trotzdem der sogenannte Ernst des Lebens: eine Schriftenmaler-Lehre. Ich wollte mich eigentlich für 4 Jahre beim Bund verpflichten und Geld verdienen. Dann merkte ich, dass das auch überhaupt nichts für mich war. Ich verweigerte nachträglich. Die Argumentation mit der Gewaltfreiheit klang zwar nicht besonders glaubhaft für einen, der dafür bekannt war, dass er keiner Rauferei aus dem Weg geht, aber ich kam durch und leistete Zivildienst beim Arbeiter- und Samariterbund. Zwei Jahre lang. Das war klasse. So kam ich mit 21 endlich aus unserer engen Wohnung raus. Die Miete wurde bezahlt, das Rumfahren und der Umgang mit den Behinderten machte mir Spaß. Gleichzeitig besserte ich das Taschengeld mit Taxifahren auf. Ein prägendes Erlebnis. Man glaubt nicht, wie viele Idioten es gibt, die dich anpöbeln. Gerade bei Nachtfahrten. Und mir brauchte keiner blöd kommen. Nachdem ich zwei-, dreimal aussteigen und Fahrgäste aus dem Taxi herausziehen musste, machte ich damit Schluss. Und dann ging schon die Sache mit den Kneipen, also mit der „Banane“, los. Was als Experiment von höchstens zwei Jahren angedacht war, läuft heute, dreißig Jahre später, noch immer bestens. Anfangs schauten die Leute recht ungläubig, dass einer, der vor Kurzem noch alle Kneipen unsicher gemacht hatte, auf einmal selbst eine betreibt. Weil ich vorher selber Rocker war und wusste, dass es den Untergang jeder Kneipe bedeutet, wenn sie von Typen wie uns besiedelt wird, erließ ich ein striktes Kutten-Verbot. Rocker durften zwar rein, aber nicht mit Jacke und Abzeichen. Stell dir vor, du kommst in eine Bar und vom Tresen her leuchten dir zehn Totenköpfe entgegen. Da drehst du doch sofort auf der Hacke um und kommst nie wieder.

Wenn wir schon beim Thema sind. Wie wurdest du zum Rocker?
Das war eher Zufall. Wir waren schon recht wild als Jugendliche, aber so wild nun auch wieder nicht. In unserer Gegend kamen sozial schwache Familien mit eher gut Betuchten zusammen, die ein bisschen weiter oben wohnten. Und wenn da ein paar Kinder von einem versoffenen Vater unterwegs waren, musstest du aufpassen. Du warst ständig im Verteidigungsmodus. Durftest dir nichts gefallen lassen. Wenn du nicht jeden Tag eine auf die Nuss bekommen wolltest, musstest du dich mit anderen zusammentun. Ich hatte hier unten und auch oben im Akademikerviertel meine Freunde. Aber irgendwie fühlte ich mich doch mehr zu den Wilden hingezogen. Die hatten Mopeds. 50er. Da konntest du hinten eine Braut mitnehmen. Das war schon was. Ich fuhr zwei Herkules und eine Zündapp. Und alle haben sie mir gestohlen. Wenn du dein Moped vor dem Haus abgestellt hast, war es weg. Keine Chance. Und eine Garage hatten wir nicht. Das war ein riesiges Hin und Her mit der Klauerei. Es gab organisierte Banden, die es nur auf die 50er abgesehen hatten. Weil die begehrt und teuer waren. Einmal habe ich meinen alten Motor in einer anderen Zündapp wiedererkannt. Bin zur Polizei. Die haben natürlich nichts gemacht. So eine 50er, die hat dir praktisch nie gehört. Du hast

sie irgendwo abgestellt, nicht aufgepasst und schon war sie weg. Man war auf jeden Fall besser dran, wenn man nicht allein war. Ich hatte nie daran gedacht, Rocker zu werden. Dann fragte mich ein Freund, von dem ich das auch nie gedacht hätte, ob ich nicht einer werden wolle. Schon war ich dabei.

Eine Zeit lang stellte uns die Stadt sogar kostenlos ein Haus zur Verfügung. Mit zwei Sozialarbeitern. Die beiden wurden aber eher von uns sozialisiert als wir von ihnen. Die Frau hatte sogar ein Verhältnis mit dem Präsi. Und das Club-Haus war irgendwann total zerstört und unbewohnbar.

Wenn gegnerische Rockergruppen auftauchten, ging es darum, sich zu behaupten. Wie Skalps hatten wir die Abzeichen aus anderen Rockerkutten ins Clubhaus genagelt. Es war eine Demütigung, eine Schande, sein Abzeichen zu verlieren. Ich wurde einmal aus dem Mc Donald's heraus von einem kleinen frechen Früchtchen in den Hinterhalt gelockt. Draußen warteten fünf Leute aus der Konradsiedlung auf mich. Sie schlugen mich nieder und traten auf mich ein. Ich habe meine Kutte nicht rausgerückt. Sie haben mir Respekt gezollt und sind abgezogen. Bei solchen Aktionen ging es brutal zu. Mir wurde was weiß ich alles gebrochen. Aber nur wenn du dagegen hältst, bekommst du Respekt, erarbeitest du dir einen Namen.

Gab es auch Verabredungen zu Kämpfen?

Ja. Aber nicht oft. Wenn es was zu klären gab, hat man sich verabredet. Manchmal tat man sich mit anderen zusammen. Auf dem damaligen Sandberg, einer Behelfssiedlung im Stadtnorden, sollte einmal so eine Schlägerei stattfinden. Auf unserer Seite zwei Gruppen, auf der anderen auch zwei. Wir waren uns sicher, dass wir sie vernichtend schlagen würden, weil beim Gegner doch einige Mofa-Bürscherln aus der Konradsiedlung dabei waren und wir einigermaßen kampferprobt und berüchtigt. Wir warteten oben auf dem Hügel. Was wir dann sahen, ließ uns ein wenig das Herz in die Hose rutschen. Den Berg herauf zog eine endlos scheinende Karawane. Die

Konradsiedler hatten ihre Familien einschließlich Omas und Opas als Unterstützung mitgebracht. Egal, ob die nur zusehen oder mitmischen wollten. Ein Gemetzel wäre vorprogrammiert gewesen. Also handelten wir vernunfthalber aus, dass nicht die gesamten Horden aufeinander einprügeln sollten. Jede Partei wählte zwei Kämpfer als Stellvertreter aus. Unsere beiden waren nicht gerade zimperlich und bestimmt keine schlechte Wahl. Sie hatten sich freiwillig gemeldet, waren also siegessicher. Auf der anderen Seite standen die beiden berüchtigtsten Schläger, die Regensburg zu der Zeit aufzubieten hatte. Gesichtsnarben zeigten, dass sie schon einiges er- und überlebt hatten. Es ging los. Batsch batsch batsch. Drei Schläge wie mit einem Betonhammer. Unser erster Mann lag ausgestreckt auf dem Boden. Der nächste Kampf: wieder nur drei knallharte Schläge und unser zweiter war bewusstlos. Eine Schmach. Das einzig Gute daran war, dass ein größeres Massaker verhindert worden war.

Wurde mit Waffen gekämpft?
Eigentlich nie. Viele hatten zwar Messer dabei, aber eingesetzt wurden sie normalerweise nicht. Wenn doch, war derjenige gleich als Messerstecher verschrien. Ich persönlich habe einiges abbekommen. Schwere Verletzungen und Knochenbrüche, Jochbein, Nase. Gläser, Maßkrug oder Knüppel ins Gesicht, aber nie einen Schuss oder einen Messerstich.

Es gab einige rivalisierende Gruppen in Regensburg. Gemäßigte und verrücktere, sogar Mofa-Gangs. Das hieß aber nicht, dass die ungefährlich waren, nur weil sie wie Milchbubis aussahen. Ausschlaggebend war meistens das Milieu. Je härter die Gegend, desto härter die Gang. Dann gab es aber auch welche, die ohne Motorräder ihr Unwesen trieben. Das waren die Brutalsten. Mord, Raubüberfälle, mit Waffen unterwegs. Hauptsächlich Knastbrüder. Wenn einer von denen hinter Gitter kam, konnte es sein, dass er nach seiner Freilassung andere Insassen mit nach Regensburg zog. So wurden die immer größer und dominanter.

Gab es damals auch schon die Verbindung von Rockern und Rotlicht-Milieu wie bei den Hell's Angels und Bandidos?
Nein. Man ging zwar in Rotlicht-Bars, aber sie wurden nicht von Rockern betrieben. Rocker waren keine Zuhälter. Einige aus einer Regensburger Gang stiegen damals ins Drogengeschäft ein. Effekt war, dass die Szene immer stärker in den Fokus der Behörden rückte.

Und wie lief das in den Kneipen?
Rocker waren nirgends gerne gesehen. Der Wirt musste versuchen, sie draußen zu halten. Wenn einer dachte, er könne welche reinlassen und gut mit ihnen auskommen, hatte er schon verloren. Die machten zwar riesige Zechen, aber anderes Publikum traute sich nicht mehr rein. Im Prinzip kam immer irgendwelcher Ärger heraus. Bei Schlägereien oder Streitigkeiten wurden ganze Einrichtungen zu Kleinholz gemacht. Nach ein paar Monaten war der Wirt ruiniert. Das lief so: Erst gingen nur zwei oder drei rein. Wenn das eine coole Kneipe war und die Musik auch nicht schlecht, freundeten sie sich mit dem Wirt an. Nicht mit Vorsatz oder böswillig, sondern einfach so, weil es gepasst hat. Wenn dann am nächsten Wochenende 20 Mann drin standen, hat der Wirt erst mal durchschnaufen müssen. In der Malergasse gab es so einen Fall. Das Wias'na war eine gemütliche Kneipe, die super lief, mit ganz normalem gemischtem Publikum. Dann hat sich ein Club eingeschlichen. Das hat so drei, vier Monate gedauert, bis das Lokal komplett übernommen war. Da traute sich keiner mehr rein. Oder das Hollywood in der Blaue-Lilien-Gasse. Daneben war gleich die Madam-Bar, in der Sexfilme an der Bar liefen und wo so mancher Gast aus dem Umland in den verdunkelten Separees seine Barschaft zurückließ. Das Hollywood war die erste offizielle Schwulenkneipe in Regensburg überhaupt. Bis von München kamen die Leute, damit sie anonym blieben. Das Hollywood hatte einen super Ruf und war etabliert. Bloß machte der Wirt einen großen Fehler. Er stand nämlich auf dieses Lack-und-Leder-Zeug. Also hat er einfach mal zwei Lederjacken reingelassen. Dann gleicher Ablauf.

Erst drei, dann sieben und dann stand die ganze Mannschaft auf dem Teppich. Nach gut einem Jahr waren das Lokal und der Wirt am Ende. Er hatte nichts mehr zu melden. Manche Rocker übernachteten sogar dort, weil er sie nicht loswerden konnte. Schwule kamen sowieso nicht mehr. Es gab Raufereien und Razzien. Das war aber auch die Phase, in der ich mich aus Regensburg abgeseilt habe.

Stimmt die Geschichte mit dem Motorrad in der Tangente?
Das ist Legendenbildung. Die Leute reden ja gern von Sensationen, wenn sie sonst nichts zu erzählen haben. Wahr daran ist, dass wir einmal auf den Motorrädern nackt eine Stadtrunde gedreht und uns öfter in der Tangente aufgeführt haben. Ein anderer Biker hat auch wirklich mal in einer Diskothek die Reifen qualmen lassen. Da hat wohl jemand zwei Geschichten zusammengemixt, damit es sich dramatischer anhört. Übrigens konnte man die Tangente-Treppe gar nicht mit einer normalen Maschine runterfahren. Die war viel zu steil.

Welche Motorräder hast du nach der Moped-Zeit gefahren?
Eine 750er Honda und eine 1000er Kawa. Die Kawa war damals schon Königsklasse. Die hatte 100 PS. Mehr waren gar nicht erlaubt. Harleys gab es sehr wenige. Die waren erstens zu teuer und noch dazu zu langsam. Wenn einer einen Chopper wollte, hat er eine Honda umgebaut. Einen fuhr in Regensburg der Jump von Born Free. Eine Legende. Der wenn irgendwo vorfuhr und sich in eine Kneipe gesetzt hat, ging das wie ein Lauffeuer durch die Szene. Rauf auf die Mopeds und schauen, ob es wirklich wahr ist. Die Leute von den Born Free waren damals Helden für uns Jüngere.

War Regensburg früher gefährlicher als heute?
Sagen wir mal so: Wenn einer viel in der Stadt unterwegs ist, für den war seinerzeit die Wahrscheinlichkeit höher, dass er geschlagen wird. Aber früher wurde halt nicht jede Schlägerei angezeigt. Da hast du ein paar aufs Maul bekommen und dann hast du halt Pech gehabt.

So war das bei uns. Zur Polizei zu gehen, war verpönt. Mir haben sie den Kiefer auseinandergedroschen. Ich ging nie zur Polizei. Hab gesagt, ich wäre hingefallen oder sonst irgendwas. Anzeigen wäre peinlich gewesen.

Du bist 50er-/60er-Jahre-Fan. Woher kommt das?
Ich bin halt ein alter Nostalgiker. Und in Erinnerung geblieben ist bei mir das Bild der Tütenlampe im Wohnzimmer meiner Oma. Ich saß auf dem Sofa und sah die Lampe an. Grün, rot, gelb. Alles, was an die Kindheit erinnert, will ich mir anscheinend wieder holen. Vor meiner Rockerzeit war für mich alles heil und dann war alles wüst. Dinge, die mich an meine heile Welt erinnern, mag ich. Aber mit meiner letzten Anschaffung, einer Jukebox, lasse ich es dann auch gut sein. Eine Rock-Ola von 1958. Als krönender Abschluss meiner Retro-Phase taugt die ganz gut. Die stelle ich in meine Kneipe rein, weil ich die Leute an meinem Lebensgefühl teilhaben lassen will. – Das wollte ich schon immer, dass andere von mir als Person profitieren. Wenn ich eine Musik-Kassette aus den Schlagern der Woche zusammengeschnitten hatte, lud ich meine Freunde ein und wir hörten sie gemeinsam an. Meine Musik! Ich war damals erst 10.

Auch für dieses anführermäßige, dass wir eine Bande gründen und ein Baumhaus zusammen bauen, dafür war ich schon immer zu haben. Das war vielleicht schon so was wie ein Vorläufer zu den Rockerzeiten. Für mich war immer der Zusammenhalt wichtig, die Loyalität.

Was wäre deine Traumstadt, in der du wohnen möchtest?
Regensburg. Mir gefällt einfach keine Stadt besser. Großstädte wie London sind mir zu unübersichtlich. Das erschlägt mich, wenn ich in eine Veranstaltungszeitschrift schaue und an einem Tag werden dreihundert Events angeboten. Die Kategorie von Regensburg passt optimal. Andere Städte in dieser Größenordnung gefallen mir auch. Freiburg, Erfurt. Aber der Anfangshype ist schnell vorbei. Die haben meiner Ansicht nach bei Weitem nicht die Angebotsvielfalt und das

Flair von hier. Aber ehrlich gesagt bleibe ich oft lieber daheim, als in Konzerte zu rennen.

Sieht du einen Unterschied im jungen Kneipenpublikum früher und heute?

Es gibt immer mehr Mainstream. Das Rebellische und der Wille, sich irgendwo abzugrenzen, der fehlt. Ich wollte Rocker sein, andere Punker oder Popper. Jeder hat sich seine eigene Nische gesucht, mit der er sich identifizieren konnte. Heute findest du auch keinen mehr, der es sich leistet, über mehrere Jahre ein lockeres Kneipenleben zu führen. Früher haben die Leute fünfzehn Semester lang studiert, heute stehen alle unter Druck. Die Jungen sind eher Party-affin, die setzen sich nicht jeden Abend in dieselbe Kneipe. In den 80ern hattest du oft abgehalfterte Typen an der Bar. Da hast du dich gefragt, wie der das macht. Wo der das Geld herbekommt, dass er jeden Abend fünf Halbe trinkt und zahlt.

Wie siehst du dich selbst?

Ich bin einer, der sein Umfeld von dem, was er macht, profitieren lassen will. Kinder, Freundin, Mitarbeiter, Freunde. Dadurch, dass seit Längerem alles auf einer gesunden Basis steht, kann ich mich mehr um das Drumherum kümmern. Ich brauche keinen Druck mehr und möchte auch keinen haben. Jeder sollte sich bewusst sein, dass das Leben vergänglich ist. Ich versuche das Beste aus der Zeit zu machen, die mir noch bleibt. Für mich und für andere. Jedenfalls in dem kleinen Universum, in dem ich mich bewege. Viel zu viele Leute machen sich Gedanken über Nebensächlichkeiten. Die sehen Probleme, wo keine sind. Mir fehlt das Positive bei den Leuten.

Was wäre dein Traumberuf gewesen?

Psychotherapeut wäre ich gern geworden. Aber daraus konnte ja nichts werden, wenn einem die Straße wichtiger ist als die Schule. Aber im Prinzip bist du als Wirt auch Therapeut, wenn du mit den

Gästen am Tresen über die Probleme mit ihrem Mann, ihrer Frau oder im Beruf sprichst.

Siehst du dich noch immer als einen Wilden, einen Gefährlichen?
Totaler Quatsch. Aus meiner Sicht ist das schon hundert Jahre her. Aber so ein Ruf hängt einem natürlich nach. Der bleibt an dir haften. Und ich habe auch gar kein Problem mit dem Ruf.

Wie war das mit den Hausverboten?
In Discos wie dem Zapp hatten Leute aus der Motorradclub-Szene meistens Lokalverbot. Irgendwie konnte ich mich trotzdem oft reinmogeln. Und jedes Mal haben sich Situationen ergeben, bei denen Blödsinn rauskam. Dabei war das meistens nicht von mir initiiert. Du stehst da und irgendein Depp quatscht dich blöd an. Oft hat es gescheppert. So als ob der Ruf, der dir vorauseilt, dich immer wieder einholt. Aber dieses Auftreten, das muss man halt alles im Zusammenhang damit sehen, wo und wie du aufgewachsen bist. Stamme ich aus einem Akademikerhaushalt und geht es darum, wie gut ich Klavier spielen kann oder muss ich aufpassen, keine auf die Nase zu bekommen, wenn ich auf die Straße runtergehe?

Hast du heute noch Kontakt zu Rockerclub-Mitgliedern von damals?
Ja. Clubs wie Savage Skull, Ghost Police und Ghost Angels, bei denen ich Member war, gibt es noch. Da hat schon lange keiner mehr was mit Randale oder Kriminalität am Hut. Mitte der 70er bis Mitte der 80er waren wir rebellische Burschen, die ein gewisses Zugehörigkeitsgefühl gesucht und es in den Rockerclubs gefunden haben. Die Leute von damals sind heute gestandene ältere Mannsbilder. Manche hat es derbröselt, andere sind, so wie ich, ausgestiegen und haben sich ein normales Leben aufgebaut. Heutzutage ist es bei den Clubs eher verpönt, Ärger zu machen. Man braucht vor einer Kutte keine Angst mehr zu haben. Vor Kurzem war ich auf der Beerdigung eines

ehemaligen Clubkollegen. Da kamen mehrere hundert Ex-Member und Leute in Kutten. Die Zeiten haben sich geändert, die Verbundenheit bleibt.

KAMERAD SCHLINGENSIEF UND DAS WÜRSTEL-BOMBARDEMENT

Im September 1999 machte Regensburg erstmals Bekanntschaft mit dem Künstler Christoph Schlingensief. Er fuhr mit Tarnanzug-tragenden Gefährten in einem Lautsprecher-bestückten Auto durch die Stadt und skandierte rechtsradikale Parolen. Das war selbstverständlich Kunst. Und natürlich war Schlingensief deshalb nach Regensburg gekommen, damit er als Ruhrpottler der bayerischen Provinz mal zeigt, wo der Nazi-Hammer hängt. Die Polizei musste einschreiten. Beziehungsweise wollte Schlingensief, dass sie einschreitet, und wird heilfroh darüber gewesen sein, dass sie es dann auch wirklich tat. Schließlich war er ein Provokateur, ein Enfant terrible, ein gefürchteter Aktionskünstler. Diese an der Grenze zur Lächerlichkeit flanierende Aktion hätte als nichtige Randnotiz in den Regensburger Annalen vermerkt und der Mantel des ewigen Schweigens hätte darüber gebreitet werden können. Hätte!

Aber Regensburg wollte unbedingt Kulturhauptstadt 2010 werden. Da galt es sich zu profilieren. Da Kultur in Regensburg bis dahin immer nur im Rückspiegel betrachtet wurde, brauchte man etwas Modernes, etwas künstlerisch Außergewöhnliches, das die Leute vom Hocker reißt. Schließlich ging es darum, sich vom miefigen Ruf der verschlafenen Oberpfälzer Regierungshauptstadt zu befreien. Da kam der samt Bierseidl ans Kreuz genagelte Frosch eines Martin Kippenberger gerade recht. Damit konnte man sich für Regensburger Verhältnisse avantgardistisch präsentieren und zeigen, dass es hier mehr gibt als die katholische Kirche und die in höchsten Tönen tirilierenden Domspatzen. Nun ja. Die katholische Kirche wollte die Bewerbung nicht mehr unterstützen und die Domspatzen wollten nicht unter einem gekreuzigten Sauf-Frosch, dem die Zunge aus dem Maul hängt, singen. Ein schwerer Rückschlag. Inzwischen hatte man mit Christoph Schlingensief verhandelt und sich darauf geeinigt, dass er die Bewerbung Regensburgs künstlerisch bereichern solle. Schlingensief dementierte die Zusammenarbeit ein ums andere Mal und machte es trotzdem. Ein kluger Schachzug der Regensburger Stadtspitze und der Kulturoberen samt ihren Projektleitern, möchte man meinen: den Mann, der die einzige provokative Kunstaktion der letzten Jahrtausende in Regensburg inszeniert hatte, mit ins Boot zu holen und mit ihm als Traumschiff-Kapitän schnurstracks auf den Titel Kulturhauptstadt 2010 zuzuschippern. Zwei Dinge hatten sie jedoch vergessen, verdrängt oder falsch eingeschätzt. Erstens hatte Schlingensief auf eine ähnliche Anfrage der Deutschen Bank, ob man aus 100.000 Euro eine kleine Performance von ihm haben könne, geantwortet: „Kein Problem. Wir werfen das Geld einfach vom Dach des Reichstags." Die Bank zog sich daraufhin zurück, vielleicht auch deshalb, weil sie fürs Geldrauswerfen nicht unbedingt einen Künstler engagieren mussten. Zweitens stammte Schlingensief aus Oberhausen. Auf der A42 sind es nicht einmal 25 Minuten nach Essen. Und, Achtung! Essen war der gefährlichste Gegner Regensburgs im harten Ringen um den Titel Kulturhauptstadt 2010.

Am Donnerstag, 10. Februar 2005, fuhr eine illustre Regensburger Abordnung gut gelaunt nach Berlin, wo Schlingensief in der Volksbühne das Stück „Keine Chance, Regensburg" für sie, nein, eher gegen sie inszeniert hatte. Mühe hatte er sich wenig gegeben, um nicht den Anschein zu erwecken, eine adäquate Gegenleistung für sein Honorar bringen zu wollen. Ein Stück, das dort sowieso seit mehreren Wochen lief, hatte er kurzerhand auf Regensburger Verhältnisse hingebogen. Das, was er den Oberpfälzern dann um die Ohren haute, war eine genüsslich ausgebreitete Demütigung. Selbst der über die Maßen selbstbewusste und selbstherrliche Oberbürgermeister Hans

Schaidinger konstatierte nach der Aufführung: „Wir haben mehr Provokation bekommen, als wir bestellt haben."

Wie konnte das passieren? War nicht vertraglich ein provokativer Mindestanteil für die Inszenierung vereinbart worden und eine Provokationsobergrenze? War nicht festgelegt worden, dass bei Überschreiten der Obergrenze der Künstler Schadenersatzzahlungen in Höhe der daraus zwangsläufig entstehenden Tourismus-Verluste zu leisten habe?

Die Fehlersuche fand sofort nach der Aufführung beim betont unaufgeregten Smalltalk im Parkett statt. Der überwiegende Teil des Oberpfälzer Kulturtrosses versuchte, sich selbst damit zu besänftigen, dass das eben Kunst sei. Und darum ginge es doch schließlich. Kunst darf alles. Schlingensief stürzte das Regensburger Publikum in eine noch tiefere Depression, als er das bodenlose Kunst-Geschwafel als Unsinn bezeichnete und den Auftraggebern seine Meinung geigte: „Niemand wird aufgrund dieser Veranstaltung Regensburg zur Kulturhauptstadt wählen. Herr Oberbürgermeister, wir fordern Sie auf, denken Sie darüber nach, ob Sie das Geld Ihrer Bürger nicht sinnvoller verwenden können!"

Was war auf der Bühne passiert? Schlingensief hatte nicht die vom Kulturkomitee sorgsam vorbereiteten Lobhudeleien eingebaut, sondern konfrontierte die Möchtegernkulturhauptstadt damit, dass Hitler noch immer ihr Ehrenbürger war, und warf die Frage auf, ob eine Stadt mit 10 % Arbeitslosenquote ihr Augenmerk nicht auf wichtigere Dinge legen sollte, als auf eine blödsinnige Bewerbung. Ein Wahnsinniger schrie auf der Videoleinwand ständig: „Regensburg! Meine Heimat Regensburg!" Menschliche Frösche liefen über die Bühne, Stofffrösche wurden an Kruzifixe genagelt. Ein Bergmannschor stimmte auf der Bühne ein Loblied auf Schlingensiefs Kulturhauptstadtfavoriten Essen an. Zusätzlich machte er es schriftlich. Er veröffentlichte eine „Offizielle Pressemitteilung" im Namen des Komitees, welche die Regensburger Bewerbung verunglimpfte und den Bewerbungsrückzug bekannt gab:

„Meine sehr verehrten Damen und Herren, angesichts der von Bewerbungsbeginn an desolaten Werbekampagne der Stadt Regensburg, die sich unter anderem in chaotischen Pressekonferenzen, missverständlichen bis bewusst falschen Presseaussendungen und einer zwischenzeitlich sogar komplett ausgetauschten Leitung des Projektteams präsentiert hat, haben die hier Mitwirkenden kaum noch Hoffnung, den bereits erlittenen Imageschaden bis zur Vergabe des Titels Europäische Kulturhauptstadt 2010 wieder wett zu machen.

Das in jeder Hinsicht unkooperative, ja sogar feindselige Verhalten des Bischofs von Regensburg bis hin zum Boykott der Regensburger Domspatzen hat der Stadt mehr als großen, schweren Schaden zugefügt, den auch eine noch so gelungene Abschlussveranstaltung wie die von heute Abend nicht hätte ausgleichen können. Gleichermaßen absonderlich ist und bleibt das Auftreten respektive das Fernbleiben der Fürstin Gloria von Thurn und Taxis, die jedwede Beteiligung an Wettbewerbsbeiträgen ihrer Heimatstadt an absurde finanzielle Forderungen in fünfstelliger Höhe, ich wiederhole! Geldforderungen in fünfstelliger Höhe, geknüpft hat.

Die Beteiligten betrachten es daher als ihre Pflicht, den Wettkampf als solchen und den eng daran geknüpften europäischen Gedanken durch die in vielerlei Hinsicht verunglückte Teilnahme Regensburgs nicht noch länger zu diskreditieren.

Ebenso betrachten die Beteiligten es als Gebot der Fairness, durch das in Gänze missratene Auftreten Regensburgs inklusive heute Abend, nicht von den guten, teilweise vorzüglichen Präsentationen der im Wettbewerb verbleibenden Städte abzulenken.

Deshalb möchten wir Sie hiermit davon in Kenntnis setzen, dass die Stadt Regensburg ihre Bewerbung um den Titel Kulturhauptstadt Europas 2010 mit sofortiger Wirkung zurückzieht. Ich wiederhole: ZURÜCKZIEHT!!! Wir danken allen, die sich ungeachtet dieser widrigen, zum Teil widerlichen Umstände bis zum heutigen Abend für ein erfolgreiches Abschneiden der Stadt Regensburg eingesetzt haben

– und möchten uns zugleich bei ihnen entschuldigen. Den übrigen Teilnehmerstädten gratulieren wir schon jetzt zu ihren rundum professionellen Darbietungen und wünschen ihnen viel Erfolg im weiteren Wettbewerb um den Titel Kulturhauptstadt Europas 2010 ..."

Christoph Schlingensief warb mit Regensburger Geldern für Essen. Essen wurde Kulturhauptstadt 2010. Wahre Kunst ist Wahnsinn.

Regensburg zeigte nach dem Volksbühnen-Debakel Kampfgeist. Am Valentinstag ließ man über den neun Mitbewerberstädten „Würstel-Bomben" abwerfen, um mit dieser spektakulären Aktion vom Bewerbungs-Desaster abzulenken. OB Schaidinger bezeichnete die Aktion als „Überraschungsangriff aus liebenswürdiger Freundschaft." Vielleicht wollte er auch nur paramilitärisch provozieren – so wie Schlingensief 1999.

KAISERS WOLLUST UND SISSI-EROTIK AM HAIDPLATZ, SPAZIERGANG 3

„Haidplatz" gehört zu den ältesten Ortsbenennungen Regensburgs. Sie basiert auf der Tatsache, dass die Bajuwaren bei der Übernahme der Stadt hier ödes unbebautes Land, eine Heide, vorfanden. Aufgrund seiner Ausdehnung lud der Haidplatz seit jeher zu großen Veranstaltungen und Darbietungen ein. Im 14. Jahrhundert fanden dort Ritterturniere mit bis zu 300 Teilnehmern statt. 1455 wurde verboten, Sauen „auf die Haid" zuzutreiben. Erst in den 1980ern wurde das Schweine-Dekret auf neuzeitliche Verhältnisse angewandt. Bis dahin fuhren täglich rund 8.000 Autos über den Platz, auf dem sich Jahrhunderte vorher die Verlierer der Ritterturniere in Staub und Blut gewälzt hatten. Der motorisierte Durchgangsverkehr wurde nun vom Haidplatz verbannt, ebenso wie die 70 Parkgelegenheiten am Justitia-Brunnen. Regensburg hatte seine erste weitläufige Fußgängerzone. Theoretisch! In der Realität kann sich der Fußgänger hier heute seines Lebens noch nicht sicher sein. Lieferverkehr, städtische Busse und gefühlt ganz Regensburg mit Ausnahmegenehmigungen, Notarzt-, Handwerker- und Presse-Ausweisen brettern über das Kopfsteinpflaster. Der Begriff „Schrittgeschwindigkeit“ gilt als Fremdwort. Passanten haben sich mit teils akrobatischen Sprüngen vor den Stoßstangen und Hirschfängern der Kraftfahrzeuge zu retten. Ältere und langsamere Menschen sowie solche mit Kopfhörern auf den Ohren sind dem Tode geweiht. Hier wiederholt sich das Prinzip der „natürlichen Auslese“, des „Survival of the Fittest“, das schon bei den mittelalterlichen Ritterturnieren galt.

Eine der geschichtsträchtigsten Kampfsportveranstaltungen dieser Zeit wurde in der Dollingersage beschrieben und im Dollingerlied besungen.

Es rait aus Turckenland ein Turck
Rait onf an Ross gen Regansburck
Wollt drinkan itzo ville Becher
unf kempfan mid der Stadte Stecher.

Ruaft: „Regansburcker, feige Lingan!“
Wer wullet genst mir Schwerter schwingan?“
Neamand hod sin Kopfe hoben.
Neamand wultt en Rosse droben
genst dem turckan Boesmann raiten.
Neamand wultt am Todte laiden.

Dri Stocklang Kopf bis zou de Fiaßen,
Krako hed sin Name hiassen.
Kummt vrom dan Raitervulke Hunnan
Hod ni no nid an Kempf nid wunnan.
Ni no nid gebluat aus Wundan.
Wardt mid dem Deiffl traulich bundan.

Gar zorniglich im Herze drin
ruaft trauerig des Kaysers Stimm:
„Hebt nid ein Mann in Regansburck
sin Lanz und sticht dem wildan Turck?

Neamand tut an Mute fassen,
neamand mecht sich stechan lassen.
Da kummet Dollinger vorbey
onf fraget: Worum des Geschrey?
Er gwest der thumbste vrom de Thoren,
die wou in Regansburck geboren.
Sin Speer wollt er in Krako bohran,
onf hot elendiglich valoran.

Oft wurde versucht, dieses blamable Ereignis der Regensburger Stadtgeschichte umzudeuten oder umzuschreiben. So glorifizierte Adolfine von Reichling-Meldedegg (1839–1907) den nachweislich minderbemittelten Nichtreiter Dollinger als Retter Regensburgs, der den übermächtigen Schwarzen Ritter Krako in einem selbstlosen Kampf besiegt habe. Jahrzehnte später wurde sie als Lohnschreiberin der Regensburger „Amtsstube fuer die Anlockung und Ausbaeutung von Auswaertigen“ enttarnt.

Ähnliches gilt für die Erfindung der Luftpumpe, die Otto von Guericke während des Reichstags 1654 auf dem Haidplatz vorgeführt haben soll. Hier haben nie mehrere Rösser von beiden Seiten an einer großen, glänzenden Kupferkugel gezogen, um die Kraft des Vakuums zu demonstrieren. Für Regensburg hatte Guericke lediglich einen unspektakulären Kupferzylinder gebastelt, an dem er seine Luftpumpe ansetzte. So erzeugte er ein Vakuum, das im Seilziehen gegen 40 gestandene Mannsbilder gewann. Auch schön. Aber 16 auf Hochglanz gestriegelte schwarze Rösser, die sich wiehernd und schnaubend gegen die unsichtbaren Mächte des Unterdrucks aufbäumen, hätten in der Historie des Haidplatzes einen dramatischeren Eindruck hinterlassen.

Wo wir schon beim Drama sind: Am 5. Januar 1673 hatte der europaweit angesehene Arzt und Gaukler Charles Bernovin ein Schauspiel angekündigt, das die Reichsstädter in Massen auf den Haidplatz lockte. Vom Turm des „Goldenen Kreuzes“ herab wollte er auf einem Seil balancieren. Um den Auftritt spektakulärer zu gestalten, ließ er sich Feuerwerkskörper an den Leib binden, mit denen er sich in der stockfinsteren Regensburger Nacht ein leuchtendes, funkensprühendes Denkmal setzen wollte. Nach einigen Metern geriet er ins Wanken und stürzte. Nur noch mit einer Hand hing das lebende Feuerwerk am Seil und versuchte verzweifelt sich wieder hinaufzuschwingen. Mit der anderen Hand musste er sich die Nase zuhalten, um nicht am Rauch zu ersticken. Mit einem gellenden Hilfeschrei stürzte er aufs Pflaster. Bernovins Raketen, Schwärmer und Knallkörper fauchten, loderten und explodierten weiter. Niemand eilte ihm zu Hilfe. Die einen nicht, weil sie Angst hatten, sich zu verbrennen. Die anderen glaubten an einen Trick. Dass anstelle des Gauklers eine brennende Holz- oder Papierpuppe heruntergeworfen worden sei, um die Zuschauer zu täuschen und zu erschrecken. Charles Bernovin bezahlte den Tanz auf dem Haidplatzseil mit dem Leben. Die einzige glückliche Kreatur an diesem Abend dürfte eine Katze gewesen sein. Sie sollte nämlich, ebenfalls mit Raketen behangen, nach Bernovin übers Seil nach unten geschickt werden, was sich erübrigte. Das Publikum hatte genug für sein Geld gesehen.

Bernovins Seil war vor der „Neuen Waag“ im Osten des Haidplatzes im Boden verankert worden. Dieses Patrizierhaus, ein vierflügeliges Gebäude mit Eckturm, beherbergte ab 1441 die Stadtwaage. Ab 1541 fand dort ein kirchenpolitisch bedeutendes Ereignis statt. Kaiser Karl V. hatte das sogenannte Religionsgespräch angeregt, um die Konfessionen zu einen. Beteiligt war auf katholischer Seite unter anderem Dr. Johannes Eck, dessen Name oft in Kreuzworträtseln auftaucht, wenn nach „Luthers Gegenspieler“ gefragt wird. Luther selbst hatte offensichtlich keine Lust auf nutzlose Diskussionen und schickte als Vertretung seinen Mitarbeiter Philipp Melanchthon nach

Regensburg. Das Scheitern der Einigungsgespräche 1546 gab ihm recht.

Der Begriff „Reichsdiktaturstube" erweckt den anfänglichen Eindruck, aus der Nazizeit zu stammen. Damit könnte zum Beispiel ein heimeliges Zimmer gemeint sein, das sich in imposanten Leni-Riefenstahl-Bildern dem Deutschen Reich und seiner Diktatur bzw. seinem Diktator widmet. Ein Raum, in dem der nationalsozialistische Regensburger Bürgermeister Dr. Otto Schottenheim ab 1933 mit seinen Zechkumpanen aufs Vaterland, auf den Führer und auf den baldigen Endsieg soff. Weit gefehlt. Die Reichsdiktaturstube in der „Neuen Waag" wurde 1652 eingerichtet, um dort die Protokolle für den (Immerwährenden) Reichstag anzufertigen. Der kurmainzische Sekretär diktierte von einem Pult aus die Nachschriften der Reichstagssitzungen. Deshalb wurde er „Reichsdiktator" genannt. Dass sich aus dem kurmainzischen Diktieren vom Katheder herab die heutige Büttenrede der Mainzer Fastnacht entwickelt hat, gilt aufgrund des hier wie dort von Humorlosigkeit geprägten Vortrags als sicher.

Im Süden dominiert die hochgotische Anlage der „Arch" den Haidplatz. Der Name könnte auf die „Arche Noah" Bezug nehmen, da sich das Gebäude nach Westen hin ähnlich einem Schiffsbug verjüngt. „Arch" bezeichnet im Bayerischen jedoch auch eine Uferbefestigung. Da der Vitusbach früher über die Rote-Hahnen-Gasse auf den Haidplatz zufloss, wäre auch diese Wortherkunft denkbar.

Wer sich darüber ärgert, dass hier mehr Fragen aufgeworfen als Antworten gegeben werden und der Autor dieses überteuerten Büchleins wenig Ahnung von dem, worüber er schreibt, zu haben scheint, sollte in der Pizzeria im Erdgeschoss der „Arch" ein paar Grappas auf sich wirken lassen. Und wer sich jetzt noch mehr ärgert, weil der Autor nicht einmal weiß, dass es im Italienischen „Grappe" und nicht „Grappas" heißt, sollte auf Bärwurz umstellen. Falls der scheinmediterrane Oberkellner bei der Bärwurz-Bestellung verächtlich seine rechte Augenbraue hochzieht, ist das Lokal grußlos zu verlassen und auf die gegenüberliegende Seite, ins „Goldene Kreuz", zu wechseln.

Hier sind keine Fremdsprachenkenntnisse nötig, um nicht zu verdursten. Zudem befindet man sich rückblickend in äußerst illustrer Gesellschaft. Klangvolle Namen und bedeutende Personen gastierten und nächtigten hier. Das Haus „Zum Goldenen Kreuz" gilt als berühmtester Gasthof Deutschlands. König Ferdinand I. wohnte 1531 auf seiner Krönungsreise nach Aachen hier. Fraglos prominentester Gast war Kaiser Karl V., der im Goldenen Kreuz während der Reichsversammlungen und des Religionsgespräches sein Hoflager einrichtete. Hier war Kaiser Franz Joseph von Österreich zu Gast, König Wilhelm I. von Preußen, Otto von Bismarck, König Ludwig I. von Bayern und Märchenkönig Ludwig II. Achtung, Kinder, bitte jetzt wegschauen! Die herzallerliebste Elisabeth Amalie Eugenie, Herzogin in Bayern, die in den Sissi-Filmen ihrem Franzl immer so unschuldig hin tut, wohnte auch hier. Oben auf der Turmdachterrasse sonnte sich die spätere Kaiserin verlässlichen Zeitzeugenberichten zufolge splitterfasernackt zwischen wehenden Bettlaken. Aber das sind Peanuts im Vergleich zu dem, was jetzt kommt. Es geht ans Eingemachte. Nämlich um die Frage der Schwängerung von Barbara Blomberg durch Kaiser Karl V. Nach den Debatten um Harvey Weinstein, Kevin Spacey und Woody Allen könnte Karl V. rückblickend als Kaiser der Übergriffigkeit und Urvater des Me-too-Hashtags bezeichnet werden. Gerne würde man romantischeren Versionen der Beziehung Glauben schenken, aber er war halt ein chauvinistischer Depp, der Kaiser.

Christian Hofmann von Hoffmannswaldau veröffentlichte 1663 die Versbrief-Sammlung „Sinnreiche Heldenbriefe verliebter Personen von Stande" und behandelte darin auch die Beziehung zwischen Barbara und Karl. Darin kritisiert er, dass die Herrschenden glauben, nach Belieben über andere verfügen zu können. Karl soll von den Sangeskünsten der attraktiven Blomberg angetan gewesen sein. Er befiehlt sie zu sich und erwartet, dass sie keinen Widerstand leistet. Sie fügt sich. „Weil die Stege der Liebe schlüpfrig sind, gleitet er nicht allein in fleischliche Gedanken, sondern auch in dergleichen Werke, ...", umschreibt Hoffmannswaldau die sexuelle Nötigung lyrisch verbrämt und dabei inhaltlich unmissverständlich. Der Kaiser hängt Barbara ein Kind, den kleinen Don Juan, an und gibt ihr den Laufpass. So oder ähnlich hielt er es auch mit seinen anderen Mätressen. Was will man schon von einem Mann erwarten, dessen Mutter „Johanna, die Wahnsinnige" genannt wurde und die mit dem Sarg ihres verstorbenen Gatten monatelang durch Kastilien zog, als wäre sie die vorweggenommene Wiedergeburt Djangos.

DAVID WÜRGT GOLIATH

Wer von der Steinernen Brücke kommend geradeaus die Brückstraße stadteinwärts weiterschlendert, stößt an deren Ende auf das mächtige Goliathhaus. Diese frühgotische Hausburg wurde in den 90er Jahren des 20. Jahrhunderts mit einem prächtigen Wandgemälde verziert, das den Kampf Davids gegen Goliath thematisiert. Zweifellos handelt es sich dabei um eine verschlüsselte Darstellung, die auf das Wirken eines der berühmtesten Kinder Regensburgs, Horst David, Bezug nimmt. David bestreitet darin, stellvertretend für den kleinen unterdrückten Mann, den aussichtslos erscheinenden Kampf gegen Goliath. Goliath wiederum steht sinnbildlich für das übermächtige weibliche Geschlecht, dem kaum ein Gegner gewachsen zu sein scheint. Doch der mutige kleine David nahm die Herausforderung an und erledigte wie das tapfere Schneiderlein „7 auf einen Streich".

Bestimmt gefiele es Horst David, wenn Regensburger Fremdenführer seine Gräueltaten mit einer Schmonzette wie dieser in ein weniger dunkles Licht tauchen würden. Leider tut ihm keiner den Gefallen. Horst David wird immer „der Würger von Regensburg" bleiben. Ein von Komplexen zerfressener Mensch, der Frauen umbrachte, weil sie es, davon war er felsenfest überzeugt, verdient hatten.

In den Jahren 1975 bis 1992 ermordete er sieben Frauen. Zwei davon waren Prostituierte. Seiner Meinung nach taten sie ihm Unrecht, indem sie zu viel Geld von ihm verlangten, ihm zu wenig Geld gaben oder ihn beschimpften. Auch seine Frau war schuld daran, die ihn grundlos aus dem Haus getrieben, gedemütigt und verletzt habe. Fast zwanzig Jahre dauerte es, bis ihm der erste Mord nachgewiesen werden konnte. Das automatische Fingerabdruck-Identifizierungssystem hatte mittlerweile Einzug in die kriminaltechnischen Ermittlungsmethoden gehalten. Seine Fingerabdrücke an einer Cola-Dose in der Wohnung eines erwürgten Callgirls bildeten eine erdrückende Beweislast. Er gestand den Mord – und weil er gerade schon dabei war, noch sechs weitere. Drei davon waren bis zu seinem Geständnis gar nicht als Straftaten in den Akten geführt, sondern als natürliche Todesfälle. David drückte seinen Opfern Putzlappen und Werbeprospekte in die Hände, um die Morde wie Unfälle bei Hausarbeiten aussehen zu lassen. In mindestens drei Fällen hatte es geklappt. „Mindestens“ deshalb, weil der damalige Ermittler Josef Wilfig davon ausgeht, dass David noch mehr Morde begangen hat und einer der schlimmsten Serienmörder der Nachkriegszeit ist.

Horst David kam 1938 in Breslau zur Welt. 1944 flüchtete seine Mutter mit ihm nach Deutschland und setzte den Sechsjährigen am Bahnhof in Hof aus. Sie suchte später keinen Kontakt mehr zu ihrem Sohn, obwohl sie wusste, wo er sich aufhielt. Er kam zunächst in ein Kallmünzer, später in ein Wörther Kinderheim. Es folgte ein Regensburger Lehrlingsheim und die Ausbildung zum Maler. 1961 verdingte er sich als landwirtschaftlicher Helfer auf einem Gehöft mit Gasthaus, weil damit mehr Geld zu verdienen war. Auf diesem Bauernhof lernte er seine spätere Frau kennen, die er 1963 heiratete. Ihre beiden Söhne wurden 1966 und 1969 geboren. Die Familie lebte zur Miete in Hainsacker bei Regensburg. David arbeitete wieder in seinem erlernten Beruf als Maler. 1986 wurde die Ehe geschieden. Das war elf Jahre nach seinem ersten Mord und acht Jahre, bevor er überführt wurde.

Im August 1975 erwürgt David innerhalb von drei Tagen zwei Frauen. Der neudeutsche Ausdruck „Call-Girl“ war damals im Rotlicht-Milieu noch nicht sehr verbreitet. Vielleicht hatte David deshalb die Gehaltsforderungen der Liebesdienerinnen falsch eingeschätzt, die vor der Prostitutionsveredelung noch als Schnallen oder Huren ihr Geld verdienten. Oder es war ihm egal. Er wollte ihnen einfach keinen Pfennig von seinem als Anstreicher sauer verdienten Geld abgeben. Zwischen den Morden vergnügte er sich beim Tanzen und in Bars. Das kostet.

Da Mitte der 70er Jahre ein Zuhälterkrieg in München tobte, versteifte man sich bei der Suche nach dem Prostituiertenmörder fälschlicherweise aufs Rotlichtmilieu. Der Ehemann des zweiten Opfers saß 14 Monte lang unschuldig in Untersuchungshaft. Der halbseidene Unternehmer hatte das Geld eingeheimst, das seine Gattin mit marokkanischen Wurzeln angeblich regelmäßig an ihre Familie daheim geschickt haben wollte. Wer so etwas macht, bringt auch Leute um, mag die Kurzschlussfolgerung der Polizei gewesen sein.

Die beiden Morde wurden in der Presse groß aufgemacht. Während man landauf, landab darüber diskutierte, ob die leichten Mädchen das Ganze nicht irgendwie herausgefordert oder sogar ein bisschen verdient hätten, mimte David zu Hause in Hainsacker schon wieder den treusorgenden Familienvater und guten Ehemann.

Von 1981 an begeht er fast jährlich einen weiteren Mord. Er sucht die Bekanntschaft zu älteren Damen und bietet an, ihre Wohnungen zu renovieren, um an ihr Erspartes zu kommen. Wer nicht bereit ist, ihm Geld zu geben, bezahlt mit dem Leben. David behauptet später, allen Morden sei ein Streit vorangegangen, den die Opfer angezettelt hätten. 1986 lässt er sich scheiden und zieht nach Regensburg. 1993 erwürgt er seine Vermieterin in ihrer Wohnung.

Ermittler Wilfig bringt diesen Fall mit den Fingerabdrücken aus dem Call-Girl-Mord in Verbindung. Er lässt David zur Vernehmung abholen. Zunächst leugnet David alles, behauptet, zur fraglichen Zeit nicht in München gewesen zu sein. Die Fingerabdrücke lassen sein

Lügengebäude einstürzen. Er gesteht drei Morde, in den nächsten Tagen vier weitere. 1995 wird er wegen siebenfachen Raubmordes zu lebenslanger Haft verurteilt. David selbst behauptet, alle Frauen im Affekt ohne finanzielle Hintergedanken getötet zu haben. Nur so kann er sich selbst als Opfer darstellen. Davids Nachbarin in Hainsacker wurde ebenfalls tot aufgefunden. Ein Salatblatt in ihrer Hand sollte wohl auf einen Küchenunfall hindeuten. David leugnete beharrlich, damit etwas zu tun zu haben.

Das Wandgemälde „David gegen Goliath" stammt übrigens aus dem Jahr 1537 und von dem Fassadenmaler Melchior Bocksberger. Goliath steht für den großen, skrupellosen Kaufmann, David für den kleinen, den redlichen. Ein zeitloses Mahnmal, betrachtet man den ungleichen Kampf der heimischen Altstadtkaufleute gegen globale Bekleidungs-, Burger- und Pizzaketten um bezahlbare Mietverträge. Wenn auch auf eine etwas andere Art, hat das Wandgemälde also doch etwas mit brutalen Würgegriffen und mit reihenweisem vorzeitigem Abnippeln zu tun.

UNTERIRDISCHE TRINK-KULTUR

Regensburg brüstet sich, wie unzählige andere Orte auch, mit der höchsten Kneipendichte der Welt. Fällt der postpubertäre Zecher aus einem Wirtshaus heraus, macht er sich nicht die Mühe, sich aufzurappeln. Er wartet, bis die Tür des Gastronomiebetriebes sieben Meter daneben (wiederum durch das Herausfallen eines Gastes) aufgeht, kriecht hinein, zieht sich an dem gerade frei gewordenen Barhocker hoch und nimmt darauf seine leicht nach vorne gebeugte Standard-Trinkposition ein. In einem inneren Monolog hat er bereits einige Male versucht, die Bestellung aufzugeben. Es wollte ihm nicht einmal ansatzweise gelingen. Was schon im stillen Selbstgespräch kläglich scheitert, könnte in ein kommunikatives Waterloo ausarten, wenn er versuchte, es laut und deutlich zu formulieren. Deshalb zeigt er lediglich auf einen der goldglänzenden Zapfhähne vor ihm. Der griesgrämige, pummelige Mittvierziger jenseits des Tresens reagiert nicht. Er wischt mit einem halb vermoderten Etwas die Holztheke direkt vor seiner Nase ab. Mit einem „Hö!" versucht der Gast, sich Gehör zu verschaffen, bevor er nochmals, diesmal energischer, mit dem Zeigefinger in Richtung Zapfhahn zielt und mit einem „Pffrt!" so tut, als würde er daraus eine Kugel abfeuern. Der Keeper antwortet mit einer träg-aggressiven Kopfbewegung von unten nach oben und einem undefinierbaren Blick. Nochmal: „Hö! Pffrt!" Dann das Bitterste, was einem passieren kann, wenn man an einem Tag wie diesem schon so viel durchmachen musste. Wenn man gerade etwas Schwung aufgenommen hätte. Wenn der verheißungsvolle frühe Abend im Begriff ist, seine prickelnden Versprechen einzulösen. Der mondgesichtige Lappenwischer bellt ihm ein einziges Wort entgegen. Drei Silben, die das Nachtleben eines rechtschaffenen Mannes von einem Moment auf den anderen verändern, seine humanistische Weltanschauung in ihren Grundfesten erschüttern, seinen Glauben an das Gute und das Schöne auf Erden ausradieren. Elf Buchstaben, die sich wie brennende Giftpfeile tief in seine stolze Brust bohren, begleitet von einer der ältesten und verabscheuungswürdigsten Geiseln der Menschheit, dem Durst.

Das Mondgesicht kläfft: „S P E R R S T U N D E"

Der Wirt hat immer Recht. Da beißt die Maus keinen Faden ab. Schließlich gilt *§ 18 Abs. 1 des Gaststättengesetzes (GastG) in Verbindung mit § 1 Abs. 5 und § 10 der Verordnung zur Ausführung des Gaststättengesetzes (Gaststättenverordnung – GastV), der Stadt Regensburg, AMBl. Nr. 2 vom 09. Januar 2006*. 5.000 Euro kann es den Gastronomen kosten, wenn er aus Gutmütigkeit oder Mitleid nach 2 Uhr noch etwas ausschenkt. So dehydriert die Körper und so ausgetrocknet die Mund-Rachen-Räume der letzten Gäste auch um Trinkbares betteln – er darf nicht.

Die ganze Regensburger Gastronomie stöhnt unter dieser Quartalssäufer- und Gelegenheitstrinker-diskriminierenden Verordnung. Ganz Regensburg? Nein. In der Keplerstraße befindet sich eine Bar, die sich der verlorenen Seelen und der strauchelnden Sünder annimmt. Auf diese wird schon in der Apostelgeschichte 4,12 hingewiesen: „In keiner anderen ist Rettung zu finden, denn unter dem ganzen Himmelsgewölbe gibt es keine vergleichbare Stätte. Durch sie müssen wir gerettet werden." Gemeint ist die „Wunderbar". Sie hat auch nach 2 Uhr noch offen. Für sie gilt Sperrzeitverkürzung.

Ausschlaggebend dafür soll der Einfluss der katholischen Kirche gewesen sein, die damit die Einzigartigkeit dieser trinkhistorisch bedeutenden Pilgerstätte hervorheben wollte. Das „sinnhafte Zeichen der Offenbarung", welches für die Anerkennung eines Wunders zwingend nötig ist, muss sich kurz nach Beginn unserer Zeitrechnung zugetragen haben: Auf einer Hochzeit im Stadtteil Kanaa (heute Königswiesen) hatte ein Gast im Rahmen einer Show-Einlage Wasser in Wein verzaubert (Joh 2,11). Weit nach Mitternacht seilte er sich in Begleitung von 12 jungen Männern, welche dessen magische Fähigkeiten zu schätzen wussten, hinunter in Richtung Donau ab. Einzig bei der Schänke „Mira Culum" brannte noch die Fackel vor der Tür. Nachdem der Wirt sie eingelassen hatte, erzählten die Gäste aufgeregt von der übernatürlichen Wasser-zu-Wein-Wandlung. Der Wirt entgegnete, dass er selbst die Fähigkeit besitze, verfaultes Obst in hochprozentigen Alkohol zu verwandeln. Ein Gast namens Thomas wollte ihm nicht glauben und meinte, er solle Beweise dafür liefern. Der Wirt kam dem Wunsch, noch bevor der Hahn krähte, mit drei Runden aufs Haus nach, worauf alle Zweifel von den Wankelmütigen abfielen. Da dieses Vorkommnis nicht auf natürliche Weise erklärt werden konnte und bislang keine wissenschaftliche Erklärung dafür vorliegt, stufte die katholische Kirche es als verbürgtes Wunder ein. Die Kneipe ist seither mit päpstlichem Segen dazu berechtigt, den Namen „Wunderbar" wirtschaftlich zu nutzen.

Die Sonne scheint. Mir gegenüber unter einem alten Birnbaum, aus dessen Früchten sich formidabler Vierzigprozentiger brennen lässt, sitzt Martin Stein. Er betreibt seit einigen Jahren die sagenumwitterte Wunderbar. Von der eben erzählten Geschichte will er nichts gewusst haben, streitet aber auch nicht ab, dass sie so oder ähnlich stattgefunden haben könnte. Heute würden solche Leute bei ihm schon am Türsteher abprallen. Denn egal ob zehn Uhr abends oder drei Uhr früh: Ein Gruppe stark angeheiterter Twens mit Vollbärten und Jesus-Latschen in eigenartigen langen Gewändern – das sehe verdächtig nach einem Junggesellenabschied aus. Und die mag er nicht. Martin ist so etwas wie der Gründervater der deutschlandweiten Anti-Junggesellenabschieds-Bewegung, der sich inzwischen viele Wirte angeschlossen haben. Sogar ein Eintrittsverbotsschild entwarf er dafür. Fünf stilisierte Besoffene rutschen auf Knien ihrem scheidenden König nach, der auf Biegen und Erbrechen sein Vermögen in ihre kapitalen Räusche investieren soll.

Martin weiß, was er will und was er nicht will. Die Wunderbar soll keine 08/15-Kneipe, sondern etwas Unkonventionelles sein, etwas Besonderes. Dass ihm das Gewöhnliche und das Angepasste fern liegen, untermauerte er damit, dass er seinen Beamtenjob als Deutsch- und Geschichtslehrer nach 6 Wochen über Bord schmiss, damit ihm nicht das richtige Leben abhandenkommt. Als „gelernter Germanist" tummelte er sich viele Jahre im Buchhandel und Verlagswesen, bevor er seine langjährige Stammkneipe übernahm, um dort die Kultur des anspruchsvollen Alkoholkonsums fortzuführen und zu verfeinern. Er sammelt alte, seltene Bücher über Spirituosen, Cocktails und das Barwesen. Außerdem schreibt er Artikel für Mixology, ein renommiertes Magazin für Trinkkultur. Deshalb gestaltete es sich gar nicht so einfach, einen Gesprächstermin zu vereinbaren. Antwort auf den ersten Versuch: Befinde mich bei Grenoble, weiß noch nicht, wann ich zurück bin. Zweiter Versuch: Schreibe gerade in London einen Artikel über zwei Bar-Eröffnungen. Ich melde mich. Dritter Versuch:

Bin in Dublin beim Urenkel des Baccardi-Gründers. Was wollten wir besprechen?

Eine steile Treppe führt hinunter in die Wunderbar wie in eine verwunschene U-Bahn-Station. Dann die schwere Tür. Noch ein paar Stufen. Es gibt wenige Regensburger, die sich nicht schon einmal in den labyrinthischen Höhlengängen der Wunderbar verloren hätten. Nüchtern betrachtet wirkt der Gastraum nicht überdimensioniert und auch die Zahl der Nebenräume liegt weit unter vier. Aber hat man erst einmal mit diesen verfluchten Drinks angefangen und die vom Gesundheitsministerium empfohlenen Abstandszeiten dazwischen nicht eingehalten, kann das Finden des Ausgangs einige Zeit in Anspruch nehmen. Da die anstrengende Suche unweigerlich immer wieder an der Theke vorbeiführt, hinter der das Personal den Eindruck vermittelt, nur dein Bestes zu wollen, befindest du dich in einem Teufelskreis, dessen Zentrifugalkräfte dich schlimmstenfalls erst bei Tagesanbruch wieder auf die Straße hinausschleudern. Das Interview durfte demnach überall in Regensburg stattfinden, nur nicht hier.

Kannst du mir etwas über die Geschichte der Wunderbar erzählen?

So weit ich weiß, gab es hier einmal ein Speise-Restaurant. Dann übernahm der Jazz-Club, 1988 kam die Wunderbar. Eine der ersten Bars in weitem Umkreis, die das Prinzip der klassischen American Bar verfolgte.

Was heißt das?

Die 80er Jahre galten unter Fachleuten als das finstere Mittelalter der Cocktail-Geschichte. Da wurde mit Ananas, Kokos, Maracuja und billigem Fusel gepanscht, was das Zeug hielt. Caipirinha bestand aus pappsüßem Saft mit minderwertigem Alkohol. Die ursprüngliche American Bar dagegen legt Wert auf Qualität. Guter Schnaps und viel davon. Wenig Zusätze. Aufs Wesentliche heruntergebrochen lautet das Grundrezept: Schnaps auf Schnaps mit Schnaps.

Wie lange willst du die Wunderbar noch betreiben?
Je nachdem. Das ist ein alter Kasten. Wie fast überall in Regensburg ist die Pacht für den eingeschränkten Stundenfokus, in dem ich Geld verdienen kann, extrem hoch. Es gibt viel zu renovieren. Da schreit natürlich kein Pächter „hurra". Ganz einfach: Wenn die Rahmenbedingungen passen, mach ich gern weiter. Wenn nicht, dann halt nicht.

Wie bist du zur Mixology gekommen?
In der Mixology war ein Bar-Porträt von Regensburg geplant. Mit dem Journalisten, der damit beauftragt war, kam ich ins Gespräch. Wir verstanden uns recht gut. Als ich ihm einen Text von mir zeigte, war die Sache geritzt. Anfangs als so etwas wie ein Regensburg-Korrespondent, aber das hat sich schnell ausgeweitet. Ich hatte zu der Zeit einen schweren Motorradunfall. Ausschließlich in der Bar zu arbeiten, ging nicht mehr. Ich war nicht mehr belastbar. Nicht mal das Bücherlesen habe ich mehr auf die Reihe gekriegt. Das deprimiert. Die Mixology kam genau zur rechten Zeit. Eine Aufgabe, die Spaß macht, und mit der ich auch den Kopf fürs Bargeschäft wieder frei bekam. Mich freut natürlich, dass in der Redaktion meine Geschichten und insbesondere mein Tonfall, der, wie ich glaube, recht eigenständig ist, gut ankommt.

Wie bist du an das Bar-Know-how gekommen?
Das war eine der wenigen positiven Folgen meines Motorradunfalls. Auf einer Seite war ich froh, dass ich nicht draufgegangen war, sah aber, dass alles außenrum immer schwieriger wurde. Außerdem hatte ich das Gefühl, zu wenig übers Trinken zu wissen. Deshalb legte ich mir, wie man das halt so macht, wenn man etwas lernen will, ein Buch zu und las es. Dann noch eins und noch eins. Daraus entwickelte sich eine Sammel-Leidenschaft für antike Cocktail-Bücher. Die Cocktail-Renaissance in den 90er Jahren führte dazu, dass diese Bücher sehr gesucht sind und auch arschteuer.

Wovon handeln deine Artikel?

Ich rezensiere beispielsweise alte Cocktail-Bücher oder berichte über Erfahrungen in den Bar-Szenen von Großstädten. Das hat dann schon so etwas von Restaurant-Kritik. Man wird nicht gerade unfreundlich behandelt, wenn man sich als Mixology-Abgesandter zu erkennen gibt. Letztes Mal hatte ich unwahrscheinliches Glück. Genau zu der Zeit, als ich drüben war, eröffneten zwei der weltweit wichtigsten Figuren der Cocktail-Szene innerhalb von zehn Tagen ihre neuen Bars. Und über beide durfte ich in einem Porträt berichten. Die Redaktion war natürlich begeistert von dem, was mir da eher zufällig unter die Schreibfeder beziehungsweise in die Tastatur gelaufen war. Erik Lorincz war der langjährige Head-Bartender in der American Bar im Savoy. Er machte die American Bar 2017 zur Nr. 1 auf der Rangliste der 50 besten Bars der Welt. Ich bekomme von der Redaktion seine Telefonnummer, rufe ihn an und eine Stunde später sitze ich bei ihm in der Bar. Alex Kratena war Head-Bartender im Artesian. Er hat eine Menge Preise abgesahnt, wurde 2012 zum besten internationalen Bartender gekürt und 2013 zur „Bar Personality of the Year". Daraus kann man natürlich eine Super-Geschichte basteln.

Und warum der Ausflug nach Grenoble?

Das war eine Einladung von Chartreuse.

Chartreuse?

Ja, das ist ein französischer Kräuterschnaps. In der Wunderbar ein Kultgetränk. Das geht so weit, dass sich meine Leute und ein paar Freunde sogar das Chartreuse-Label eintätowieren ließen. Wahre Liebe also. Der ansehnliche Chartreuse-Umsatz in der Wunderbar wird wohl ausschlaggebend für die Einladung gewesen sein. Drei schöne und interessante Tage auf jeden Fall.

Was war das Besondere daran?
La Grande Chartreuse ist das Mutterkloster der 23 weltweit bestehenden Niederlassungen des Kartäuserordens. Es wurde so um 1085 gegründet. Bereits 1605 soll in einem anderen Kloster die Rezeptur mit über 130 Zutaten als „Elixier des Lebens“ von einem französischen Heerführer übergeben worden sein. Heute ist es noch so, dass die Kräuter im Kloster angeliefert werden. Eine Hälfte kommt aus Frankreich, die andere aus dem Rest der Welt. Es gibt nur zwei Mönche, die wissen, wie der Chartreuse zubereitet wird. Die häckseln die Kräuter klein und bringen sie in Säcken zu den Destillen, wo sie verschieden lang in Alkohol eingelegt werden. Stirbt einer der Mönche, wird ein neuer in das Geheimnis eingeweiht. Die Mönche müssen sich immer getrennt voneinander aufhalten. Denn, wenn beide von einem Lastwagen überfahren oder vom Blitz erschlagen werden, gibt es keinen mehr, der das Rezept kennt.

Würdest du beruflich etwas anderes lieber machen?
Das passt ganz gut, wie alles läuft. Wenn sich die Journalismus-Geschichte noch weiter ausbauen lässt, bin ich nicht abgeneigt. Gerade liegt die Anfrage einer großen Frauenzeitschrift vor. Dann hätte ich meine drei Hauptkompetenzen, Reisen, Trinken und Frauen, abgedeckt. Was will ich mehr?

Gibt es typische Gästebeweguneng zu bestimmten Zeiten in der Wunderbar?
Die Leute kommen erst spät, weil sich dieses Nach-Sperrzeit-Klischee festgesetzt hat. Oft läuft nur die letzten beiden Stunden etwas. Das ist zugleich Fluch und Segen. Während andere Wirte ohne Freisitze über den Sommer schimpfen, geht bei uns zu später Stunde immer etwas.

Gibt es unter den Gästen viele Deppen?

Du kannst natürlich davon ausgehen, dass einer, der um halb zwei reinkommt, nicht mehr stocknüchtern ist und unter Umständen Ärger macht. Im Rückblick würde ich sagen, dass es früher schlimmer war. Es kommt nicht mehr allzu oft vor, dass einer spinnt. Aber jedes Mal ist einmal zu viel.

Wie lief das mit der Tattoo-Aktion in der Wunderbar?

Keine Ahnung. Keine Erinnerung. Nein! Ich möchte einfach außergewöhnliche Dinge machen. Meine eigene Hochzeit habe ich in der Wunderbar gefeiert. Für die Gäste engagierten wir eine Tätowiererin, eine wunderschöne Frau. Wahrscheinlich deshalb wurde das Angebot sehr gut angenommen. Später habe ich hinten im Nebenzimmer einen Tattoo-Abend als „Initiative gegen eine Überrationalisierung von Lebensentscheidungen" veranstaltet. Wir waren überrascht, wie viele Menschen nach fünf Bier oder zwei Drinks einem emotionalen Impuls größere Priorität einräumen wollten als einer vernunftmäßigen Abwägung. Für uns eine Riesengeschichte, die wir bestimmt wiederholen, auch wenn an der Tattoo-Qualität die Uhrzeit und der damit einhergehende alkohol- und erschöpfungsbedingte Verfall der Stecher abzulesen war.

Wann hattest du den schweren Unfall?

Tatsächlich am Eröffnungstag der Wunderbar. Ich war nachmittags in der Stadt unterwegs. Ein Autofahrer sieht mich nicht, fährt aus der Ausfahrt raus und ich in ihn hinein. Höchstens mit 50. Trotzdem: Gehirnblutungen, gebrochene Brustwirbel und Rippen, eingefallene Lungen, innere Verletzungen. Wenn ich vielleicht anders gefallen wäre und mich abrollen hätte können, wäre es glimpflicher ausgegangen. Andererseits hätte ich auch sterben können.

Was nervt?
Der bürokratische und organisatorische Wust, den du als Selbstständiger täglich bewältigen musst. Ein Riesenaufwand, der in keinem Verhältnis zum Ertrag steht.

Deine drei Lieblingsdrinks?
Das ist schwierig, weil stimmungsabhängig. Recht weit oben auf meiner Liste steht jedenfalls der „Last World". Ein Gin-Cocktail. 4 Teile Chartreuse, 2 Teile Maraschino und 2 Teile Limette. Das macht satt. Er wird geshaked, doppelt abgeseiht, „double strain" nennt sich das, und mit Maraschino-Kirsche in der Cocktailschale serviert.

Warum zweifaches Abseihen?
Damit keine Eisstückchen im Glas sind. Das ist eine Frage der persönlichen Philosophie. Ich mag manchmal sogar ein bisschen Eis im Glas.

Nächster Gang?
Der Mai-Tai ist ein Cocktail, der sehr oft verhunzt wird, aber sehr lecker schmeckt, wenn man ihn fachgerecht und klassisch zubereitet. Da darf keine Ananas oder Kokos rein! Jeweils 3 Teile starker brauner und weißer Jamaika-Rum, ein bisschen Limettensaft und Mandelsirup. Den Mandelsirup sehr dezent einsetzen, dann wird der Mai-Tai eine erfrischende, kräftige und leckere Sache. Er wird geshaked, mit Minze garniert und im Tiki-Glas serviert. Das Floaten mit Blue Curacao bringt einen speziellen Farbeffekt.

Dein dritter Favorit?
Vielleicht ein Klassiker. Der „Old Fashioned". So etwas wie der Ur-Cocktail, wobei er schon im Jahre 1880 als „altmodischer Drink" bezeichnet wurde. Der hat also einige Jahre auf dem Buckel. Mit dem Old Fashioned begann eigentlich die Cocktail-Geschichte. Ein bisschen Zucker, ein bisschen Bitters. Unter Bitters liefen damals

Mittelchen aus der Hausapotheke: gegen Haxenverstauchung, Harnröhreninfekte, Maul- und Klauenseuche, Impotenz. Der Bitter half gegen alles gleichzeitig. Für unseren Old Fashioned wird Angosturabitters mit Whiskey kaltgerührt, mit Zitronenzeste abgespritzt und im Rührglas serviert. 6 Teile Whisky, 1 Teil Zuckersirup, 3 Spritzer Angosturabitter, 1 Zitronenzeste.

Worauf legst du in der Wunderbar wert?

Ich finde, die Schere geht auch in der Trinkkultur immer weiter auseinander. Von Nur-noch-Schischi bis Eimersaufen. Mir liegt anständige Qualität ohne Firlefanz am Herzen. Nicht den hundertsiebenunddreißigtausendsten Twist auf einen Negroni. Einer reicht. Mit gutem Gin, Campari und Wermut. Dem einen schmecken Bier und Jägermeister besser, dem anderen ein Brazilian Fruit Daiquiri. Jeder wie und was er will.

Deine Meinung zu Regensburg?

Als Student blieb ich hier hängen, weil ich mich von Anfang an sehr wohl gefühlt habe. Ich stamme ursprünglich aus einem Dorf – und Regensburg ist das Dorfähnlichste, was man sich vorstellen kann, nur mit angenehmerer Infrastruktur, besseren Einkaufsmöglichkeiten, kulturellen Angeboten und so weiter. Alles ist überschaubar. Ich finde Metropolen interessant, bin aber immer wieder froh, wenn ich heim darf. Lebensrhythmus und Lebensqualität sind hier ungleich schöner. Allerdings hat sich Regensburg in den letzten Jahren eigenartig entwickelt. Die Wirtschaftshörigkeit, der Immobilienboom, die Klüngeleien und das viele Geld, das reindrückt, machen Regensburg nicht schöner. Renovierter ja, schöner nein. Regensburg ist zwar immer noch ein Dorf, aber ein reiches Dorf. Jetzt haben wir diesen Millionenbauer-Schlag: nicht die Gescheitesten, aber dreist und einen Haufen Geld in der Hosentasche. Das tut der Stadt nicht gut.

Was beschäftigt dich gerade?
Mein Verlagsprojekt. Es gibt ein tolles Buch über die Geschichte des Cocktails. Bislang nur auf Englisch. Ich habe mir die Rechte besorgt und übersetze es gerade ins Deutsche. Ein 380-Seiten-Schinken. Schon eine Herausforderung, aber eine schöne.

Krieg ich eins geschenkt?
Nein!

DIE 10 ALLERWICHTIGSTEN REDEWENDUNGEN

In Regensburg gibt es einen Lehrstuhl für Dialektologie. Ich hatte die Ehre und das Vergnügen, einer der ersten Studenten zu sein, die einem Seminar des Dialekt-Papstes Ludwig Zehetner beiwohnen durften. Wurde ich bis dato wegen der Unfähigkeit, mir die hochdeutsche Aussprache anzutrainieren, von eloquenteren Mitstudenten mitleidig belächelt, schien nun meine Zeit gekommen zu sein. Wer, wenn nicht ich, sollte in diesem Fach brillieren und Bestnoten einheimsen können. Erst mit der Zeit merkte ich, dass es nicht darum ging, wer die gschertesten Mundartausdrücke kannte und sie richtig auszusprechen in der Lage war. Es ging um ernsthafte Sprachwissenschaft. Mit Buntstiften wurden Dialektgrenzen in die Bayernkarte gezogen und Dialekt-Enklaven eingekreist. Wortherkünfte wurden analysiert und diskutiert, Mechanismen der Lautverschiebung erkannt und bestimmten Zeiten und Regionen zugeordnet. Es machte keinen Spaß. Hier und heute ziehe ich erstmals Nutzen aus diesem Seminar und aus meiner gesamten Studienzeit. Den feststehenden Begriff „Bsuffas Wongscheidl“ werde ich nämlich nicht aus dem Bauch heraus zu erklären versuchen, sondern streng wissenschaftlich.

Bsuffas Wo(n)gscheidl = *drunken piece of wood*

Eine weniger akademische Herangehensweise hätte dazu geführt, dass ich das Bestimmungswort „Wong" falsch interpretiert hätte. Ich hätte erklärt, dass es sich dabei um das bayerische Pendant zum hochsprachlichen „Wagen" handelt und das Grundwort „Scheidl" den Scheitel eines Berges bezeichnet. Dass, wenn der von Pferden gezogene Wagen den Scheitel des Berges erreicht hat, es auf der anderen Seite nur noch steil bergab geht. Dadurch, hätte ich gemutmaßt, wären torkelige Bewegungen von Pferden und Kutsche entstanden, die einen betrunkenen (bsuffan) Eindruck erweckt hätten. Jeder hätte mir geglaubt, weil keiner eine bessere oder glaubwürdigere Erklärung parat gehabt hätte.

Nach monatelangen Recherchen in der Universitätsbibliothek und mehreren Abstechern nach Italien, dem Ursprungsland des Wongscheidls, kann ich nun eine fundierte, unangreifbare Erklärung liefern. Das Wichtigste zuerst. Es muss Wogscheidl und nicht Wongscheidl heißen. Der neuzeitliche Hang zur Sprachverweichlichung hat die jüngere Generation vor dem „G" ein „N" einfügen lassen, wo keines hingehört. Möglicherweise hat der zunehmende Einfluss des Asiatischen ein Wong verursacht, wie wir es auch aus Hong und Kong kennen.

„Wog" geht zurück auf das lateinische „vacillare", was „schwanken" bedeutet. Diese These wurde auf meiner anstrengenden Studienfahrt durch Italien von zahlreichen sach- und sprachkundigen Thekenbekanntschaften in Bars und Tavernen gestützt. Das Wogscheidl ist demnach ein schwankendes Holzscheit. Konkret bezeichnet es den Balken zwischen einem Wagen und zwei Zugtieren, der die Zugkräfte ausbalanciert. Je ungleicher die beiden Tiere ziehen, desto stärker bewegt sich der Waage-Balken, das Wogscheidl.

Bei „Bsuffas Wogscheidl" handelt es sich um einen Pleonasmus, zwei Wörter mit fast identischer Bedeutung. Das Wogscheidl torkelt, der Betrunkene auch. Von daher wäre „bsuffas" überflüssig. Da jedoch die wenigsten ein Wog-, geschweige denn ein Wongscheidl kennen, macht es durchaus Sinn, das zustandsbeschreibende Adjektiv beizubehalten. Der Besoffene wird kaum dazu in der Lage sein, darüber zu reflektieren, was ihm die Gattin damit sagen will, wenn sie ihm ein adjektivisch unbegleitetes Wo(n)gscheidl an den Kopf wirft. Das „bsuffas“ sorgt für klare Verhältnisse.

Gölts God = *god may bless you, your family and your friends. Also he will hang a towel with your name over a deckchair very near to the swimmingpool in paradise*

Über die Hälfte der Regensburger ist katholisch. Sie glauben an einen weisen, gütigen Gott mit grauem Bart, der unter Zuhilfenahme einer Jungfrau als Leihmutter und eines Schreiners als Samenspender einen prächtigen Sohn fabrizierte. Sogar Gottes zeitweiliger Stellvertreter auf Erden, Papst Benedikt XVI, lebte in Pentling, einem suburbanen Stadtteil Regensburgs. In den heidnischen Regionen nördlich der Donau spielt Gottvater in der alltäglichen Kommunikation eine untergeordnete oder negativ besetzte Rolle. Entgeht beispielsweise dem Ungläubigen ein lukratives Börsengeschäft oder haut er sich mit dem Vorschlaghammer auf den Daumen, quittiert er das mit einem „Herrgottsakrament“.

In Regensburg wird nicht geflucht. Der Begriff „Gott“ taucht vorwiegend in einem angenehmen Bedeutungsumfeld auf. Er wird ruhig, nicht zu laut und nie im Zorn ausgesprochen. Floskeln wie „Der Herrgott wird's schon richten“ zeugen von Zuversicht und Gottvertrauen, einer fast freundschaftlichen Grundeinstellung dem Allmächtigen gegenüber. Auch „Gölts God“ (Vergelte es Gott) gehört in diese Kategorie. Im Prinzip entspricht es einem Dankeschön, doch bezieht es überirdische Kräfte mit ein, welche mit der Rückzahlung bzw. einer Art ausgleichender Gerechtigkeit betraut werden. Darauf wird mit einem „Sengs God“, geantwortet. Zunächst möchte man eine Verwandtschaft zum englisch-amerikanischen „Thanks god“ vermuten. Richtig dagegen ist, dass dem Dialogpartner Gottes Segen gewünscht wird. Wenn der liebe Gott alle Vergeltungs- und

Segenswünsche, die ihm aufgetragen werden, wirklich abarbeiten muss: Na dann, pfiad God!

Oide Krampfhener = *old shit-talking crickchick*

Die Tierrasse „Krampfhuhn" findet, im Gegensatz zum Pfälzer Kampfhuhn, zum Deutschen Reichshuhn und zum Thüringer Barthuhn, weder in der Enzyklopädie der Tierarten noch im großen Lexikon der Tierwelt Erwähnung. Das verwundert nicht. Bei der Krampfhener handelt es sich um eine Chimäre, ein Mischwesen, ähnlich einem Zentaur, der halb Stier, halb Mensch ist. Auch die Sphinx (Löwe/Mensch) oder die Meerjungfrau (Fisch/Mensch) gehören dieser Kategorie an. Die Krampfhener besteht aus der Mischung von Frau und Huhn, wobei das Huhn nach außen hin nicht sichtbar wird, sondern lediglich durch Gackern in Erscheinung tritt.

Der Begriff „Oide Krampfhener" lässt sprachemotionale Eindeutigkeit vermissen. Obwohl er wie ein Schimpfwort gebraucht wird, schwingt doch Zuneigung der gemeinten Person gegenüber mit. Eine „oide Krampfhener" gackert falsches, überflüssiges oder unglaubwürdiges Zeug daher. Sie verbreitet gerne Gerüchte, um sich damit wichtig zu machen, redet demnach Krampf. Das „oide" bezieht sich nicht auf das Lebensalter der Krampfhener. Vielmehr sagt es aus, dass jemand in seiner Eigenschaft als Krampfhener altbekannt ist. Auch eine 21-jährige Top-Model-Kandidatin kann eine Krampfhener sein.

Die Krampfhener ist sich ihres chimärenhaften Daseins nicht bewusst. Sie denkt, sie sei ein normaler Mensch. Erst wenn sie direkt mit „Du oide Krampfhener" darauf angesprochen wird, kommt sie eventuell ins Grübeln. Sie ist nicht zu verwechseln mit der „Ratschkathl". Die Ratschkathl erzählt zwar lang und breit uninteressante Dinge. Diese müssen aber im Gegensatz zu denen der Krampfhener nicht unbedingt falsch oder unglaubwürdig sein. Da bei beiden Kommunikationstypen die Kerninformation ihrer Rede als recht spärlich zu bezeichnen ist, erweitern sie die effektive Redezeit durch Füllwörter um ein Vielfaches. „Sagt er“, „hod er gsagt“, „hod er gsagt, sagt er“ und „sagt er, hod er gsagt“, gehören zu den verbreitetsten. Mit wortreichen Auslassungen zum Beispiel bezüglich Verhütung oder afrikanischer Schnacksellust stößt Fürstin Gloria von Thurn und Taxis immer wieder die Diskussion an, ob das Krampfhener-Wesen nicht in den Adelsstand erhoben werden sollte. Es wäre ihm und ihr zu gönnen.

Owacht = *careful, jackass!*
Auch: Obacht. Das Wort ist in unterschiedlichen Zusammenhängen und Situationen anwendbar. Über Jahrhunderte hinweg war es ausschließlich dem süddeutschen Sprachraum vorbehalten. Es kann fast gleichbedeutend mit „Vorsicht“ verwendet werden, benötigt jedoch eine andere Satzstruktur. Sagt jemand „Gib Vorsicht“ outet er sich damit als Immigrant, Gastarbeiter oder Honorarprofessor aus dem nicht-deutschen Sprachraum. Mit dem grammatikalisch richtigen „Gib Owacht!“ weiß jeder sofort, woran er ist. Der Angesprochene soll beim Radfahren, beim Äpfelklauen, beim Babysitten, beim Holzfällen, beim Swinger-Clubbing, beim Maibaum-Aufstellen oder ganz allgemein Vorsicht walten lassen. Dahinter steckt eine gewisse Fürsorge. Man will nicht, dass dem Anderen etwas zustößt.

Der ursprüngliche Sinn kann sich auch ins genaue Gegenteil verkehren. Äußert sich der Zweimeterprügel im Bierzelt auf die Frage, ob er immer so doof dreinschaue, wortkarg mit einem ausgehauchten „Owacht!“, geht es ihm nicht um Fürsorge. Er will nicht auf die Gefahren der „Wilden Maus“, des Kettenkarussells oder des übermäßigen Alkoholgenusses hinweisen. Das „Owacht!“ in Verbindung mit zu engen Sehschlitzen zusammengekniffenen Augen sollte als unmissverständliches Signal gewertet werden, zunächst außer Reichweite des Möbelpackers und dann schnellstmöglich aus dem Bierzelt zu fliehen. Das einschüchternde „Owacht!“ benötigt eine gewisse Physis oder mehrjährige Kampfsportausbildung des Sprechers, wenn es seine Wirkung nicht verfehlen soll. Weil sonst: Owacht!

Mid da Pölzhaum Middog leitn =
Dingdonging highnoon with a furcap

Eine Redewendung, die ich erstmals von meinem Vater hörte und die er bei passender Gelegenheit gerne benutzte. Als Kind wusste ich nicht viel damit anzufangen, obwohl ich versuchte, mir entsprechende Bilder im Kopf zusammenzubasteln: eine Pelzmütze, in der ein Glockenklöppel hin und her schwingt? Eine Glocke, die komplett aus Nerzfell bestand? Letztere sah in meiner Fantasie sehr gut und täuschend echt aus. Ich konnte sie mir deshalb so gut vorstellen, weil meine Mutter und ihre beste Freundin, die oft zu Besuch kam, sich Nerzjacken gekauft hatten. Die Freundin eine anthrazitfarbene, meine Mutter eine kamelhaarbraune. Die fast schwarze der Freundin war mein Favorit. Das wundervolle Bild der sanft schwingenden Nerzglocke hatte so sehr von mir Besitz ergriffen, dass ich mir keine Gedanken mehr darüber machte, was der Ausspruch bedeuten soll.

Ein ähnliches Phänomen betraf das Wort „einbahnfrei", das ich immer dann benutzte, wenn etwas einbahnfrei war. Noch heute sage ich einbahnfrei, auch wenn ich „einwandfrei" inzwischen in meinen aktiven Wortschatz aufgenommen habe. „Einbahnfrei" hört und fühlt sich einfach besser an. Einbahnfrei ist mehr als einwandfrei, einbahnfrei ist super, phänomenal, außerirdisch. Vielleicht auch deshalb, weil ich der Einzige bin, der es kennt – und das schon so lange. Darüber, wie vielen Menschen die Wendung „Mid da Pölzhaum Middog leitn" geläufig ist, gibt es keine aussagekräftigen jüngeren Untersuchungen. Sollten es weniger als fünfzig sein, werde ich ein Bürgerbegehren initiieren, dass jeder Regensburger mindestens einmal am Tag „Mid da Pölzhaum Middog leitn" sagen muss. Da bisher alle Bürgerbegehren, die ich unterstützt habe, erfolgreich waren, bin ich diesbezüglich guter Dinge.

Noch immer weiß ich nicht genau, was die Formulierung bedeutet. Sie könnte eine Tätigkeit bezeichnen, die mit großem Aufwand verbunden ist, aus der aber nichts Zähl-, Sicht- oder Verwertbares resultiert. Ungefähr so: Quasimodo verlässt fünf vor zwölf die geliebte

Esmeralda, um rechtzeitig im Glockenturm zu sein. Er schafft es gerade noch. Schwer schnaufend und durchgeschwitzt hängt er sich Punkt 12 Uhr ans Seil. Er schwingt auf und ab und auf und ab. Bis zur völligen Erschöpfung. Die flauschige Nerzfellglocke gibt keinen Ton von sich. Quasimodo ist am Boden zerstört. Eine einbahnfreie Erklärung, oder?

Midm Hirn oschiam = *pushing things by using the brain without using the brain*
Mit dem Hirn anschieben: Hierfür gibt es zwei Deutungsvarianten, die sich in der Aussage nicht weiter voneinander unterscheiden könnten, als sie es tun. Erstens: Jemand verfügt über eine gewisse Intelligenz. Durch Nachdenken, Kombinieren und kluges Schlussfolgern kommt er zu einer Lösung, die es ihm erspart, seine Muskelkraft einzusetzen. Eines der frühesten Zeugnisse, dass jemand mit dem Hirn angeschoben haben muss, reicht bis 4.000 vor Christus zurück. Nachdem der Homo sapiens sich fast zweihunderttausend Jahre damit abrackerte, Felsbrocken zu tragen oder sie mühsam von einem Ort zum anderen zu schieben, überlegte sich jemand, ob es nicht eine energiesparendere Variante des Anschiebens geben könnte. Er erfand das Rad. Für diese Erfindung hatte er „midm Hirn ogschom“. Zweitens: „Midm Hirn oschiam“ geht davon aus, dass jemand nicht in der Lage ist, sein Hirn für geistige Arbeit einzusetzen. Er nutzt es zum Anschieben. Dabei haben wir das Bild vor Augen, wie dem Ochsen das Stirnjoch angelegt wird, um damit kräftiger anschieben zu können. Nicht umsonst nannte man den bayerischen Politiker Josef Müller „Ochsensepp“. Der Bauernsohn, der von Kindesbeinen an wusste, wie man einen Ochsenkarren lenkt, gründete 1945 die CSU. Sein Ruf als Hirn-Anschieber reichte so weit, dass sogar die amerikanische Besatzungsmacht in Person von General Clay gefragt haben soll: „May I call you Oxenjoe?“

Unabhängig davon, ob Variante eins oder zwei zutrifft, wird „oschiam“ immer im übertragenen Sinn gebraucht. Es bedeutet etwas nach vorne bringen, forcieren. Wer „midm Hirn oschiabt", erreicht das Ziel schneller.

Ghupft wia gschprunga = ***jumped like jumped***

Der Vergleich von Hüpfen und Springen soll aussagen, dass etwas gleich zu bewerten ist. Dies gelingt nur im Bayerischen. Im Hochdeutschen hüpft einem der niedliche Hamster vom Arm, Mike Powell dagegen springt mit 8,95 Metern Weltrekordweite. Hüpfen überwindet eine geringere Distanz als Springen.

In Regensburg wird „ghupft" und „gschprunga" gleichbedeutend verwendet. Man kann also durchaus sagen: „O leck, is der langhaxerte Ami weit ghupft." Vor Freid (aus Freude) kann einem s Herzerl springa oder hupfa. In beiden Fällen bewegt es sich ruckartig gleich weit nach oben.

„Ghupft wia gschprunga" wird meist als Antwort-Formel verwendet, hilft dem Fragenden jedoch in keiner Weise weiter. Sitzen Minni aus dem Stadtteil Reinhausen und Peter aus Kleinprüfening um halb eins als letzte Gäste am Tresen der Cafébar in der Gesandtenstraße und Peter will wissen, ob Minni mit zu ihm kommen möchte oder ob er lieber bei ihr nächtigen soll, antwortet diese mit „Des is ghupft wia gschprunga". Sie könnte sich demnach beides vorstellen. Hauptsache, es geht noch was.

S Glick vom Goaßbedern = ***Goat Peter's luck***

Jemand hat sehr viel Glück. Deshalb wird er mit dem Geissen-Peter (Goaßbeder) verglichen, der folglich ein glücklicher Mensch gewesen sein muss. Wahrscheinlich gab es diese Redewendung schon vor dem ersten Heidi-Film, der 1952 in die Kinos kam und in dem ein gewisser Geissen-Peter mitspielte. Trotzdem. Jener Geissen-Peter durfte den lieben langen Tag auf saftigen Bergweiden spazieren gehen und Ziegen hüten. Ab und zu kam die süße, kleine Heidi vorbei und brachte ihm eine Brotzeit, die ihr Großvater, der Alp-Öhi für die beiden liebevoll hergerichtet hatte. Ein schönes Mädchen neben ihm, der sonnig-blaue Himmel über ihm, dazu frischer Almkäse und euterwarme Milch: So schaut „s Glick vom Goaßbedern“ aus.

Zugezogene, die verzweifelt und erfolglos versuchen, sich des Bayerischen zu bemächtigen, wenden diese Formulierung oft falsch, nämlich im Sinne von „Pech haben“ an. Wenn eine gebürtige Nordrhein-Westfälin ihr Kinderwagenkaffeekränzchen im „Amici“ mit „Er hoat schon dos Glück vom Gohaßpetan“ absagt und bemitleidet werden will, liegt es daran, dass ihr kleiner Jan-Christoph sich mit Ziegenpeter (Mumps) angesteckt hat.

Bled wia d Nacht finster = ***stupid as the darkness of the night***

Über die Dummheit des Menschen im Allgemeinen und die des Einzelnen im Besonderen wird viel gespöttelt. Meist sprechen diejenigen, die sich für besonders intelligent halten, über andere abfällig. „Bled wia d Nacht finster“ gehört zu den gängigsten bayerischen Formulierungen dieser Kategorie. Wenn jemand genauso blöd ist wie die Nacht finster, wird ihm der höchstmögliche Grad an Dummheit zugeschrieben. Die Formulierung stammt aus einer Zeit, zu der es in Regensburg noch keine von Gaslampen erhellte Straße, geschweige denn elektrische Beleuchtung gab (ab 1860). Die Nächte waren davor so finster, dass es eine Schande war, wenn jemandes intellektuelle Fähigkeiten damit verglichen wurden. Heute leiden Städte unter der allgegenwärtigen Lichtverschmutzung, der permanenten Abwesenheit absoluter Dunkelheit. In der Vorweihnachtszeit, so könnte man eine weitere Redewendung heranziehen, „wird die Nacht zum Tag gemacht“: Hell von innen heraus strahlende Weihnachtsmänner und vor LED-Schlitten gespannte Drahtgeflechthirsche bevölkern die Vorgärten, hunderte Kilometer Leuchtgirlanden illuminieren Straßen, Gassen, Häuserfronten, Plätze und Parks. Menschen, die als „bled wia d Nacht finster“ gelten, werden dadurch, dass die Nächte heutzutage alles andere als dunkel sind, blitzgescheit. Weihnachten kann kommen.

Alle in oan Sog nei = *you can't beat the false one*
Hier treffen wir auf eine sehr starke Verallgemeinerung, auf ein Pauschalurteil. Es wird meist gegenüber Gleichgesinnten geäußert und bezieht sich auf andere, die nicht an der Kommunikation beteiligt sind. Bevorzugte Gruppen, die alle in einen Sack hineingehören, sind Asylanten, Automobilkonzerne und Politiker. Für Letztere hat sich die erweiterte Form „Alle in oan Sog nei und draufghaut" durchgesetzt, worauf der Gleichgesinnte antworten muss: „Konnst koan Falschn dawischen." In Regensburg verdrängt dieser nach festen Regeln ablaufende, ritualisierte Meinungsaustausch inzwischen das intellektuelle Gespräch und die fundierte Diskussion vollends von den Stammtischen. Mit Recht.

DAS HALBE KALB VOM ÄGIDIENPLATZ

Regensburg ist laut. An allen Ecken und Enden trommeln einem Rüttler, Stampfer, Steinsägen, Vibrationswalzen, Dieselaggregate, Bodenfräsen, Hochdruckkompressoren, Schlagbohr- und Presslufthämmer, Buschhacker und Steinknacker das Ohrenschmalz aus den Muscheln. Immer wird irgendwo neu-, tief-, hoch- oder umgebaut, renoviert, restauriert, geteert, gepflastert, ein Kabel verlegt, ein Kabel herausgerissen, ein Rohr gereinigt, ersetzt oder geflickt, ein Kran aufgestellt oder abgebaut, eine Fassade gedämmt oder verputzt, ein Gebäudezug entkernt oder abgerissen. Tief- und Hochgaragen werden mittels gigantischer Kernbohrer sowie kreischender Beton-Trenn- und Schleifapparaturen für wenige Monate in einen befahrbaren Zustand versetzt, um wenig später, z. B. nach einem Wasserrohrbruch oder um die Garage für noch höhere SUVs nutzbar zu machen, wieder zur Mammutbaustelle zu mutieren.

Propellermaschinen knattern an Wochenenden über die Stadt, die ihren Passagieren ein aus der Vogelperspektive still und friedlich wirkendes Regensburg vorgaukeln. Eine wahrlich himmlische Vorstellung, die weit abseits der traurigen, psychoakustischen Realität liegt. Auch von jenen Wassersportfanatikern ist dort oben nichts zu hören, die an schönen Sommertagen erbarmungslos ihre Jetskis und Motorboote die Donau auf- und abjaulen lassen. Ja, es sind genau jene schönen Sommertage, an denen man sich entspannt ans Donauufer legen, die Sonne genießen oder gemütlich picknicken könnte, wäre da nicht dieses nervtötende Heulen der vollgasgepeinigten Motoren mit ihren krebsrot verbrannten, bauchigen Vollgas-Kapitänen an den Steuerrädern und Außenbordmotoren.

Will man der ohrenbetäubenden Klangkulisse Regensburgs entfliehen, begibt man sich am besten in einen der Parks, um Ruhe zu finden. Dort sorgen die Laubbläser-Beauftragten der Stadt und privater Subunternehmer mit einem Schallpegel von lediglich 115 Dezibel für 100 % blätterfreie Wege. Dass das menschliche Ohr bereits bei 85 Dezibel Schaden erleidet, fällt durch den vorangegangenen Regensburg-Spaziergang inklusive beidseitigem Hörsturz nicht mehr ins Gewicht.

Kommen wir nun von der angenehmen Seite der Regensburger Geräuschkulisse zur weniger erfreulichen. Dem Tageslärm kann man sich entziehen, indem man eine Arbeitsstelle als Knecht in einem dicht umwaldeten Einödhof bei Furth im Wald nahe der tschechischen Grenze antritt. Oder indem man als zum Daheimbleiben Verdammter die Ohropax anwärmt, wachsweich knetet und in alle geräuschrelevanten Gänge seines Körpers stopft. Bei Nacht jedoch herrschen andere Gesetze. Der Einödhofknecht kehrt nach verrichtetem Tagwerk erschöpft in seine Altstadtwohnung zurück. Der tagsüber durch Ohrstöpsel weitestgehend schallisolierte Daheimbleiber nimmt diese nach 14 Stunden erstmals wieder heraus. Beide würden nun gerne schlafen. Der Nutzung von Ohropax steht der Umstand entgegen, dass sie am nächsten Morgen in aller Herrgottsfrühe aufstehen und deshalb den Wecker hören müssen. Das allnächtliche Drama nimmt seinen Lauf.

Zwei Fälle aus meinem engeren Bekanntenkreis mögen beispielhaft und repräsentativ veranschaulichen, wie die bedauernswerte Spezies des Innenstadtbewohners am und im nächtlichen Regensburg leidet.

Zunächst die aufwühlende Geschichte von Jochen B. Er spielt Bass in einer der ältestgedienten Rockbands Regensburgs. Bei der Beurteilung seines Hörvermögens darf berücksichtigt werden, dass die Band in jungen Jahren dreimal in der Woche probte und pro Monat vier bis sechs Auftritte hatte. Sein Onkel glaubte an die ruhm- und geldreiche Zukunft des begnadeten Viersaitengitarristen. Er managte sie und kaufte die lauteste Verstärkeranlage Ostbayerns, die auf seinen Einachsanhänger passte. Eine lohnende Investition. „Boah, seid ihr laut!“, wurden sie nach jedem Auftritt vom Publikum beglückwünscht, ja geradezu gefeiert. Die Verstärker hatten weder interne Limiter, noch schlich, wie jetzt allerorts üblich, ein kommunaler Angestellter mit Lautstärke- und Schalldruckmessgerät um die Bühne herum. Immer volles Rohr!

Konzert um Konzert drängten die Fans nach dem Auftritt nach vorne an die Bühne, um ihr „Boah, seid ihr laut!“ loszuwerden. Jochen freute dies immer wieder sehr, nur hatte er das Gefühl, dass die Fans immer leiser und undeutlicher sprachen. Oft musste er dreimal nachfragen und der Fan sich die Seele aus dem Leib brüllen, bis Jochen lächelte und mit dem Kopf nickte. Dann ging er zum Schlagzeuger, um ihn zu fragen, ob er den nuschelnden Idioten verstanden habe. Was ich damit sagen will, ist, dass seine einst filigranen Gehörknöchelchen sich mit der Zeit zu stumpfen Knochenklumpen abgenutzt hatten, dass es um die Elastizität seiner Trommelfelle bestellt war wie um eine abgestreifte, wochenlang im Saharastaub ausgetrocknete Kobra-Haut.

Der schwerhörige Jochen zog in die Engelburgergasse. Er hatte errechnet, dass von seinem neuen Domizil aus die für ihn relevanten Kneipen in kürzerer Zeit zu erreichen waren, als von jedem anderen Punkt der Altstadt aus. 135 Sekunden im Durchschnitt. Während er früher nicht selten erst nach Tagesanbruch heimkehrte, legte er sich nun altersgemäß immer zeitiger ins Bett. Teils schon gegen halb vier. Schlaf fand er jedoch selten. Die Engelburgergasse bildet eine direkte Verbindung von der Kepler- zur Ludwigstraße. Von Spät- bzw. Frühheimkehrern wird sie dem Weißgerbergraben vorgezogen, weil es sich dort unbeobachteter urinieren und erbrechen lässt. Durch die beidseits mehrstöckigen Gebäude scheint jedes Geräusch, das in der Gasse erzeugt wird, sich nach oben nicht nur nicht zu verringern, sondern zu verstärken. Und zwar in dem Maße, dass es sogar dem fast tauben Jochen zu viel wurde. Flaschen wurden an den Wänden zerdeppert, Nazilieder gebrüllt, extrem lauter und übernatürlich langer Geschlechtsverkehr vollzogen. Er verfluchte alle Gaststätten der Saufmeile an der Donau, in denen er noch bis vor Kurzem selbst umsatzstarker Stammgast war, verfluchte die Besoffenen aus Nah und Fern und verfluchte die hirnrissige Werbekampagne, mit der Regensburg erfolglos für ein rücksichtsvolleres Nachtleben warb. Dazu später mehr.

Jochen zog nach wenigen Wochen entnervt aus, hinüber in eine halb so teure Wohnung am jenseitigen Donauufer. Seither führt er ein glückliches und stilles Leben. Manchmal beobachtet er vom Balkon aus mit einem Nachtsichtgerät, wie die Besoffenen phonlos in die Engelburgergasse hineintorkeln. Dann lächelt er und legt sich schlafen.

Fall 2: Bertram S. ist ein zurückhaltender und gutmütiger Mensch. Er lebt seit 30 Jahren in Regensburg. Ein paar Jahre in Prüfening, eine Weile im Westen und in Steinweg. Schon immer hatte er davon geträumt, oder zumindest mit dem Gedanken gespielt, eine Wohnung im Zentrum zu mieten, den Puls dieser herrlichen Stadt noch intensiver zu spüren. Vor drei Jahren wurde sein Traum Wirklichkeit. Eine ältere Dame bot eine Zweizimmerwohnung im dritten Stock mit Blick auf die Gesandtenstraße an. Die Räume waren herrlich hoch, Stuckdecken, Parkettboden. Anfallende Renovierungsarbeiten erledigte der gelernte Zimmermann selbst und konnte so die Miete auf ein erträgliches Maß herunterhandeln.

Er war an einem Dienstag eingezogen. Die erste Nacht verlief relativ ruhig. Die eigenartigen Geräusche, die er gegen 2 Uhr im Halbschlaf wahrgenommen hatte, entpuppten sich am nächsten Morgen als Sachbeschädigung. Jemand hatte sich an den Fahrrädern auf der gegenüberliegenden Straßenseite ausgetobt und sie zu Schrott getreten. Auch seines. Lenkstange und Sattel schienen noch brauchbar zu sein. Selbst schuld. Warum hatte er es nicht im Fahrradkeller abgestellt, wie ihm einer der neuen Nachbarn geraten hatte?

Die Nacht von Mittwoch auf Donnerstag. Der Radiowecker zeigte 1:37. Ein Sanker tatütatatete mit Blaulicht durch die Gesandtenstraße und blieb direkt unter seinem Fenster stehen. Die Sanitäter sprangen heraus. Sie gingen auf einen Mann zu, der vis-à-vis regungslos im Eingangsbereich des Reisebüros lag. Sie setzten ihn auf, rüttelten ihn und verabreichten ihm kräftige Ohrfeigen. Die professionellen Wiederbelebungsmaßnahmen waren von Erfolg gekrönt. Sie stellten ihn auf die Beine und lehnten ihn an die Wand. Wider Erwarten sackte er nicht in sich zusammen. Ein Rotkreuzler sah den anderen an. Der nickte. Sie stiegen in den Wagen und fuhren mit Blaulicht davon. Vielleicht hätten sie ihn zum Ausnüchtern mitgenommen, wenn er kein orangefarbenes Nationaltrikot getragen hätte. Eine Stunde später. Gleicher Ort. Gleicher Mann. Gleiche Szene. Nur waren es diesmal die Johanniter. Sie hievten den liegenden Holländer mit einem „Und hepp!“ auf die Trage und transportierten ihn ab. Selbstverständlich mit Martinshorn.

Die Nacht zum Freitag war von einem der seltenen Pokalheimspielsiege des SSV Jahn geprägt. „Hier regiert der ÄssÄssVau“ und „Wi ar se Tschämpiens“ und „Mir lieben den ÄssÄssVau Jahn“ und „Sauf aus, wenn du ein Jahnfan bist!“ und „Sosehnsiegeraus schallallallallalla!“ und „Immer wieder, immer wieder, immer wieder ÄssÄssVau“ und „Ha! Ho! Heja heja he! Ha! Ho! Heja heja he! Ha! Ho! Heja heja he!“ und „Wer für Rengschbuag is, der klatsche in die

Hand!“ und „Gebt mir ein Ha! Ha! Gebt mir ein U! U! Gebt mir ein Em! Em! Und jetzt alle: Wir singen Humba Humba Humba tätärä, tätärä, tätärä!“ Gerade als Bertram fast eingeschlafen wäre, sich mit den Umständen angefreundet und damit begonnen hatte, „Ich liebe den SSV Jahn“ vor sich hin zu säuseln, klingelte der Wecker.

Am Wochenende wollte er sich von den werknächtlichen Torturen erholen, was selbstredend zum Scheitern verurteilt war.

Samstagnacht gegen ein Uhr: Ein stockbesoffenes, vielleicht auch zugedröhntes Pärchen zankte sich auf dem Nachhauseweg. Die Fenster konnte Bertram nicht schließen, da ein erneuter Jahrhundertsommer die Wohnung aufgeheizt und in ein tropisches Terrarium verwandelt hatte. In leguanöser Langsamkeit bewegte sich Bertram zum geöffneten Fenster hin. Die Beiden schienen nicht weitergehen, sondern ihren Disput auf Dauer an der Kreuzung Rote-Hahnen-Gasse/Gesandtenstraße austragen zu wollen. Sie schrie ihn wegen einer anderen „saublöden Tussi“ an. Er antwortete mit einer verschärften Götz-Zitat-Variante. Sie schubste ihn. Er schubste sie. Bertram hoffte, dass sich die Situation innerhalb der nächsten halben Stunde entspannen würde, dass sie sich versöhnen, sich verzeihen oder wenigstens verziehen würden. Ein wenig wollte er noch warten. Wie gesagt: Er ist bzw. war bis zu diesem Abend eine netter, gutmütiger, nahezu durch nichts reizbarer Mensch.

Aus der halben Stunde wurden eineinhalb. Die Wortwahl eskalierte parallel zur Lautstärke, mit der sich das Paar gegenseitig Schimpfwörter an den Kopf schmiss. Endlich fasste sich Bertram ein Herz: „Entschuldigen Sie! Könnten Sie Ihre Meinungsverschiedenheiten bitte leiser oder anderswo austragen?“ Verdutzt schaute das Pärchen nach oben. Nach wenigen Sekunden verbündeten sie sich gegen Bertram und bedachten ihn mit einer Breitseite gossensprachlicher Fäkalausdrücke. Der Mann versuchte eine Bierflasche nach oben zu schleudern, kam aber nur bis zum ersten Stock. Bertram schlug vor, dass sie sich doch nun aus dem Staub machen könnten, da sie offensichtlich wieder einer Meinung wären. Daraufhin wurde das Geplärr noch aggressiver und beleidigender. Als die ausgetickten Nachtschwärmer Bertrams Mutter eine Verbindung zum Rotlichtmilieu andichten wollten, platzte Bertram der Kragen. Er holte den von der nachmittäglichen Toilettenreinigung noch randvoll gefüllten Putzeimer und kippte ihn hinaus. Die trübe Brühe ergoss sich zielgenau über die Köpfe des Paares. Stille. Lediglich die Highheels des weiblichen Parts hörte er noch stetig leiser werdend klacken, bis die beiden Arm in Arm in die Pustetpassage einbogen.

Nach dieser Begebenheit blieb Bertram tagsüber der herzensgute Mensch, der er seit jeher war und auch immer bleiben wird. Nachts aber, diese Lektion hatte er gelernt, müssen in Regensburg andere Saiten aufgezogen werden.

2010 gründete sich in Regensburg das Bündnis „Fair feiern". Im Mittelpunkt seiner Werbekampagne stand der Slogan „Leise ist ...". Dieser wurde auf einer Homepage, auf Plakaten, Bierdeckeln, Flyern und sogar auf süßen Lollis propagiert. Die beauftragte Werbeagentur behauptete, dass die Zielgruppe den angefangenen Satz mit „... schön" beenden würde. Durch die aktive Auseinandersetzung mit dem Problem des nächtlichen Krachmachens würden die Lärmerzeuger in sich gehen und künftig auf Zehenspitzen und flüsternd durch die Altstadt tänzeln. Vielleicht auch dies: Streithähne, die sich in alkoholisiertem Zustand gegenseitig die Riechorgane blutig schlagen, würden auf die üblicherweise vorgeschalteten, lautstarken Verbalattacken verzichten und gleich zur Sache kommen. Und dies: Burschenvereinsausflügler aus Kötzting, Landshut und Schwandorf würden um halb vier morgens nicht mehr durch die Obermünsterstraße stolpern und „Highway to Hell" in Livekonzert-Lautstärke lallen. Sie würden sich darauf besinnen, dass unter den Anwohnern auch junge Eltern mit kleinen Kindern wohnten und wenn schon gesungen werden müsse, sie im äußersten Fall ein mäuschenstilles „Guten Abend, gute Nacht" vor sich hinsummen würden. Eine schöne Vorstellung, die da in den Köpfen greiser Werbestrategen und Stadtbeauftragter herangereift war, die seit mindestens 30 Jahren keine Regensburger Kneipe, geschweige denn einen Club von innen gesehen hatten. Dankenswerterweise nahm sich die von mir hochgeschätzte Regensburger Punkband „SickSickSick“ bald der Sache an. Sie stellten ihre nächsten Konzerte unter das Motto „Leise ist Scheise“ und spielten mit allen Volume-Reglern auf Anschlag.

An dieser Stelle darf, nein, muss die Frage gestellt werden, warum eine Stadt bewährte mittelalterliche Methoden zur Erhaltung der Nachtruhe nicht weiter verfolgt, sondern zum Scheitern verurteilte, abstruse Kommunikationsmaßnahmen ergreift, um der katastrophalen Lage Herr zu werden.

Ab 1500 wird in den Geschichtsbüchern ein „Narrenhäuschen“ erwähnt. Es stand an der Einmündung der Wahlenstraße in den Kohlenmarkt bei den Verkaufsständen der Lederer. Der aus Holzstäben zusammengezimmerte Schandkäfig wurde auf eine Verfügung des Rats hin aufgestellt. Er sollte „den nächtlicher Weile stark einreißenden Ruhestörungen und dem Umherschwärmen Einhalt thun“ (dies und mehr aus: Karl Bauer, S. 866 ff.). 1559 wurde das Narrenhäuschen durch ein neues mit diagonal verlaufenden, starken Eisengitterstäben ersetzt. 1599 wurde der Standort zum Alten Rathaus hin unter den Reichssaalerker verlegt. Der Schandkobel diente zur Bestrafung von Ruhestörern, laut heimkehrenden Trunkenbolden, nächtlichen Spektakelmachern, Raufern, Fluchern und Lästerern. Bereits 1509 erhielten die Nachtwächter die Berechtigung, jeden nächtlichen Ruhestörer und Wirtshausschreier ohne Ansehen der Person bis Tagesanbruch in das Narrenhäuschen zu sperren. Morgens konnten die Regensburger dann in Augenschein nehmen, wen die Nachtwächter geschnappt hatten. Die Missetäter saßen meist zitternd und zähneklappernd im Käfig. Erst nach einer ernstlichen Belehrung, sich künftig eines tugendsameren Lebenswandels zu befleißigen, wurden sie entlassen.

Wurde ein ehrbarer Bürger erwischt, konnte sich dieser mit einem Taler freikaufen, um sich nicht am nächsten Morgen verspotten und bespucken lassen zu müssen. Namhafte Historiker sehen in dieser finanziellen Zuwendungsmöglichkeit begüterter Personen an die Stadt den Ursprung der Regensburger Korruptionswirren im ausgehenden 20sten und beginnenden 21sten Jahrhundert.

Das Narrenhäuschen war vorwiegend für kleinere Strafen bestimmt. Seine abschreckende Wirkung muss jedoch so gewaltig gewesen sein, dass immer weniger nächtliche Streuner eingefangen werden konnten. Deshalb wurden zunehmend auch in wilder Ehe lebende Paare, durchgegangene Ehemänner, untreue Gattinnen und der Abtreibung bezichtigte Frauen und Helferinnen dort ausgestellt. Als Regensburg 1810 an das Königreich Bayern kam, verschwand das Narrenhäuschen vom Rathaus.

„Die Jugend von heute liebt den Luxus, hat schlechte Manieren und verachtet die Autorität. Sie widersprechen ihren Eltern, legen die Beine übereinander und tyrannisieren ihre Lehrer." Was Sokrates schon vor zweieinhalbtausend Jahren festgestellt hat, trifft genauso heute und insbesondere auf die Regensburger Jugend zu. Ich möchte behaupten, dass ich der einzigen Jugendgeneration seit der Antike angehörte, die bescheiden und fleißig war, die ihre Eltern und Lehrer respektierte und die einen wichtigen Beitrag zum moralischen und wirtschaftlichen Aufstieg unserer Gesellschaft geleistet hat. Heute rotten sich die verwöhnten Bälger an der Donau zusammen, essen dort ohne Teller und Besteck, werfen ihre Pizzaschachteln, Sushi-Plastikbehälter und Einmalgrills in den Fluss, lassen alles, was sie nicht so weit werfen können, am Ufer liegen und denken nicht daran, sich zum zwanzig Meter entfernten Dixi-Klo zu bemühen, wenn schon nach zwei Flaschen Bier ihre noch im Wachstum begriffene Blase drückt. Wäre nicht auch hier eine Strafe in Anlehnung an das Narrenhäuschen wünschenswert? Oder die Androhung einer Strafe, wie sie zum Beispiel dem Hauserl Wolf, seines Zeichens Koch in der Wurstküche, 1680 angedieh. Er hatte sich über das Dekret von 1599 wegen Wiederauflebens der Pest hinweggesetzt, dass niemand auf der Straße seine Notdurft verrichten dürfe. 2 Tage lang musste er in Schellen die Straße kehren.

Vielleicht tun wir den jungen Menschen auch Unrecht, wenn wir uns über sie beklagen, dass sie, wo sie gehen und stehen, alles hinwerfen und liegen lassen. Dass sie anstands- und gewissenlos die Straßen und Gassen vermüllen. Vielleicht sind sie geschichtsbewusster als wir. Vielleicht wollen sie dem Regensburg-Besucher die mittelalterliche Stadt mit größtmöglicher Authentizität präsentieren. Möglicherweise wenden sie sich ab von der touristifizierten Vergangenheitsverklärung und lehnen sich bewusst gegen das geleckte, auf Hochglanz polierte, scheinhistorische Regensburg auf. Und zwar deshalb, weil sie im Geschichtsunterricht brav aufgepasst haben. Weil ihnen in praxisorientierten schulischen Projektarbeiten die Maxime vermittelt werden konnte, dass Veränderung nur durch Handeln und nie durch Untätigkeit zustandekommt. Ja, es ist die beste Jugend aller Zeiten, die sich der realitätsnahen Abbildung der hygienischen Verhältnisse nach mittelalterlichem Vorbild verschrieben hat und diese mit Feuereifer vorantreibt.

Spaziert man heute durch Regensburgs Gassen, kann man sich trotz der altertümlichen Gebäude kaum ein Bild davon machen, wie es hier bis weit ins 18. Jahrhundert hinein aussah und zuging. Es gab noch kein Pflaster. Unrat und Dreckwasser wurden einfach aus dem Fenster bzw. vor die Tür gekippt. Kam Regen dazu, musste man durch den stinkenden Morast waten. Noch übler war es um die Innen- und Hinterhöfe bestellt. Ziegen, Pferde, Schweine und Hühner wurden dort gehalten. Misthaufen, Viehdreck und Jauchegruben bestimmten das Bild und den Geruch in den Höfen. Wurde der Mist und die Jauche aus den Höfen auf die Felder gebracht, schwappte einiges von den Wägen und vermischte sich mit dem Gassendreck. Damit der Gestank in der Stadt wenigstens an einigen Tagen erträglicher wurde, beschränkte der Rat im Juli 1764 die Ausfahrzeiten für Mist auf bestimmte Tage. Montags, freitags und sonntags galt ein Ausfahrverbot. Das Ausschöpfen und Wegfahren der Jauche durfte zudem nur in den frühen Morgenstunden vor Tagesanbruch geschehen.

1681 beklagten sich die klösterlichen Anwohner des Ägidienplatzes darüber, dass die Stadt dort eine Grube dulde, in die Aas, tote Hunde und Katzen, ja sogar ein halbes Kalb geworfen wurden. Sie befürchteten, dass sie die ersten Betroffenen sein würden, wenn sich Infektionen über die Luft verbreiteten.

Im Gegensatz zu heute hatte das häufige Verrichten der Notdurft in den Gassen damals nachvollziehbare Gründe. Für 3 Anwesen stand lediglich eine einzige Toilette zur Verfügung und diese befand sich in kläglichem Zustand. So hätten zum Beispiel alle Bewohner der Unteren Bachgasse 1, der Wahlenstraße 2 und der Wahlenstraße 4 den Abort im Bürgerhaus Strobel aufsuchen müssen, wenn sie es denn unter den gegebenen Umständen bis dahin geschafft hätten. Die Standorte der Klos wurden meist mitten auf einem Hof, möglichst weit von den Wohnräumen entfernt, gewählt, damit sich die Geruchsbelästigung in einigermaßen erträglichen Grenzen hielt. Durch einen Bretterschacht fielen die Exkremente in eine Grube. Viele Aborte mündeten in sogenannte „Reihen". Diese Kloaken flossen zwischen den Häuserblöcken in Richtung Donau. Die stinkenden Gase der Gruben krochen nicht nur in die Gassen, sondern auch in die Wohnräume, für die aufgrund ihrer kleinen Fenster fast keine Lüftungsmöglichkeiten bestanden. Witterungsumschwünge verschlimmerten die Umstände weiter. Nicht selten wurde von den Gruben das Wasser benachbarter Brunnen vergiftet.

Bei Strafe war es verboten, Harn, Blut, Aas, Menschenkot und alles andere, was Gestank verursacht, auf die Gassen, in die Höfe oder in den Bach (Vitusbach) zu schütten, der verzweigt durch die Stadt lief. Der Rat empfahl, allen Unrat direkt in den Fluss zu werfen. An dieses Dekret vom 9. Juli 1584 fühlen sich die geschichtsbewussten, feierlaunigen Jugend- und Studentengruppen an den Donauufern und -auen offenkundig noch heute gebunden.

TITELSTORY

Auf der Titelseite ist eine eindrucksvolle Reiterstatue abgebildet (Modell: Ferdinand von Miller jun., Guss: Ludwig von Miller, Sockel: Gottfried Hirschmann, Foto: Hubert Lankes). Dabei handelt es sich um ein Denkmal zu Ehren König Ludwigs I., das seit 2010 wieder an seinem ursprünglichen Standort, der Südseite des Domplatzes, zu bewundern ist. Es zeigt den Monarchen hoch zu Ross im Krönungsornat. Sein Blick schweift majestätisch in die Ferne. In der rechten Hand hält er das Zepter. 1902 wurde die Statue auf dem Domplatz im Beisein des Prinzregenten Luitpold unter kirchlichem Glockengeläut, dröhnenden Salutschüssen und dem Jubel der Regensburger, die sich vor der Dompost und auf den Stufen des Doms drängten, enthüllt. 1936 musste sie dem immer stärker anwachsenden Autoverkehr weichen und wurde an einen unwürdigen, verschatteten Standort vor dem Bahnhof verbannt.

„Errichtet von der dankbaren Stadt Regensburg" steht in Form einer Gravur auf der Sockel-Rückseite. Die Dankbarkeit bezieht sich vor allem auf die Tatsache, dass der Dom ohne den König heute noch keine vorzeigbaren Türme hätte. Ludwig I. sorgte für die Regotisierung des Doms und dafür, dass seit 1869 die Türme 105 Meter weit in den Himmel ragen. Der ursprüngliche Plan von 158 Metern Höhe, mit dem der König den Kölnern zeigen wollte, wo der Barthel den Most holt, konnte aus finanziellen Gründen nicht umgesetzt werden. Die rassige Tänzerin Elizabeth Rosanna Gilbert, besser bekannt als Lola Montez, hatte dem König das Geld aus der Tasche gezogen, das dafür nötig gewesen wäre. Deshalb überragt der Kölner Dom den unseren heute um das Eineinhalbfache, während die 25-jährige Lola sich über ein mondänes Palais in München und mehr als 150.000 Gulden Schmerzensgeld (der König war 60) freuen durfte.

Im März 2012 wurde ein zweikommanull-promilliger Tourist aus der Mega-Domstadt Köln dabei erwischt, wie er mit schwarzem Hochglanzlack ein hämisches „Hähä" auf den Sockel des Reiterstandbilds sprühte. Er wurde einer harten, aber gerechten Strafe zugeführt. Gerecht auch deshalb, weil sich im Vorfeld viele Leute große Mühe gemacht hatten, die Ehre des Königs bzw. die seines Denkmals wiederherzustellen. Die Statue war im Bahnhofsvorfeld starker Verwitterung und ätzender Taubenkacke ausgesetzt. Sie gab ein trauriges Gesamtbild an einem widrigen Ort ab. Ein unhaltbarer Zustand, bedenkt man, dass Ludwig dem Ersten auch so wichtige Verordnungen zu verdanken sind, wie das „i“ in Baiern durch ein „y“ zu ersetzen. Ohne ihn gäbe es heute kein Bayern.

Im Jahre 2007 peilte das städtische Kulturreferat die Denkmalverpflanzung zum 360-jährigen Jubiläum einer hiesigen Brauerei an, um die enge Verbindung von Trunkenheit und Kultur in Regensburg zu veranschaulichen. 20 Cent jedes verkauften Kastens Bier flossen in den Kulturfonds für die Restaurierung der Statue und seine Rückführung an den Dom. Begeistert von dieser Win-win-Idee trank die Regensburger Bevölkerung, was das Zeug hielt. Keiner wollte sich nachsagen lassen, Kulturbanause zu sein. Zum durchschlagenden Erfolg der Trink-Spenden-Aktion trug maßgeblich der immense Bierkonsum in einer einheimischen Restaurierungs-Werkstätte bei. Ihr war auch die professionelle Wiederherstellung des Denkmals anvertraut worden. Die Statue musste vorsichtig vom Sockel geholt, nummeriert, zerlegt, endoskopisch durchleuchtet, gesäubert und mit Spezialwachs überzogen werden. Obwohl nach der Reinigung keine Zahlen mehr auf den 18 Einzelteilen erkennbar waren, meisterten die Restauratoren den originalgetreuen Zusammenbau bravourös.

INFORMATIONSBASIS

Bei Zitaten und Literaturverweisen wurden höchste wissenschaftliche Sorgfaltskriterien beherzigt, die denen der Doktorarbeiten des Ex-Bundesverteidigungsministers Karl-Theodor zu Guttenberg und der Ex-Bundesbildungsministerin Annette Schavan in nichts nachstehen. Ein herzliches Dankeschön gilt allen, aus deren Büchern, Aufsätzen, Abhandlungen und Artikeln ich mich bedienen durfte.
So tief es nach zwei Bandscheibenvorfällen geht, verneige ich mich vor dem großen Karl Bauer, der mit seiner Kunst-, Kultur- und Alltagsgeschichte ein wunderbares, lehrreiches und immer wieder überraschendes Buch zu Regensburg geschrieben hat.
Vielleicht können die Quellenangaben den ein oder anderen dazu bewegen, sich intensiver mit dem Phänomen Regensburg auseinanderzusetzen. Es lohnt sich insbesondere für alle, die denken, dass dieses Buch nicht der Wahrheit letzter Schluss über Regensburg gewesen sein kann.

- Bauer, Karl: Regensburg – Kunst-, Kultur- und Alltagsgeschichte. MZ-Buchverlag, Regenstauf, 2014 (6. Auflage)
- www.statistik.regensburg.de
- https://tourismus.regensburg.de
- Lang, Peter: Regensburg gestern und heute. MZ Buchverlag, Regenstauf, 2017
- www.onetz.de/regensburg/vermischtes/deutschlands-einzig-original-erhaltene-fragstatt-entfuehrt-auf-schaurige-art-und-weise-in-die-peinliche-befragung-mit-dem-spanischen-esel-d1071670.html
- www.regensburg-bayern.de
- www.hofbraeuhaus-regensburg.de
- www.adlersberg.com
- Hable, Guido: Fragen zur Bevölkerungsgeschichte von Regensburg. Aufsatz erschienen im Adressbuch der Stadt Regensburg 1976
- gebruederteichmann.net
- www.mittelbayerische.de/region/regensburg-stadt-nachrichten/das-roemererbe-in-der-einkaufstuete-21179-art929487.html
- https://de.wikipedia.org/wiki/Kastell_Kumpfmühl
- www.br.de/nachrichten/bayern/darum-gibt-es-so-viele-blindgaengerbomben-im-raum-regensburg,RHwwmjm
- www.br.de/themen/wissen/bombe-fliegerbombe-entschaerfen-weltkrieg-100.html
- http://reinis-welten.de/regensburg/ bauwerkeplaetzeundsonstigesberuehmtes/steinernebruecke/index.html
- Johann Wolfgang von Goethe: Faust. Der Tragödie erster Teil, Lehrmittelverlag Oldenburg, 1946
- www.altstadtkinos.de
- www.regina-filmtheater.com
- www.stummfilmwoche.de
- http://die4tehand.de/filmgalerie17/index.php?page=196
- www.kurzfilmwoche.de
- www.heimspiel-filmfest.de
- www.hardline-festival.de
- www.cinemaparadiso-regensburg.de

- www.queer-streifen.de
- Kunstmann, Heinrich: Wer war der Heide Craco der Regensburger Dollingersage? Über einen allegorischen Epilog zur Lechfeldschlacht. Aufsatz im Netz: https://www.heimatforschung-regensburg.de/2350/1/1051823_DTL1865.pdf
- Göller, Karl Heinz und Wurster, Herbert W.: Das Regensburger Dollingerlied. Mittelbayerische Druckerei- und Verlagsgesellschaft mbH, Regensburg, 1980, im Netz: https://epub.uni-regensburg.de/26630/1/ubr13197_ocr.pdf
- https://de.wikipedia.org/wiki/Haidplatz
- www.regensburger-tagebuch.de/2012/07/guericke-versuch-mit-den-magdeburger.html
- www.vgh.bayern.de/vgregensburg/01249.php
- www.hotel-goldeneskreuz.com/deutsch/geschichte
- Hofmann von Hofmannswaldau, Christian: Sinnreiche Helden-Briefe verliebter Personen von Stande. Insel-Bücherei Nr. 779, 1962
- www.mittelbayerische.de/region/regensburg-stadt-nachrichten/regensburg-war-schon-immer-promi-ziel-21179-art1553870.html
- Der Kommissar – Ein rätselhafter Mord (Schwarz-weiß Krimi). Fall 42, 1971. Im Netz: www.youtube.com/watch?v=cSpdopAJC8I
- Wilfing, Josef: Verderben – Die Macht der Mörder. München, Heyne Verlag, 2015
- http://www.serienkillers.de/serienmörderer/c-d/david-horst/
- https://www.mittelbayerische.de/region/regensburg-stadt-nachrichten/horst-david-der-moerder-von-nebenan-21179-art1347664.html
- https://www.spiegel.de/panorama/justiz/ermittler-legende-wilfling-a-hund-is-er-scho-a-603839.html
- www.tagesspiegel.de/kultur/kanonen-auf-domspatzen/584590.html
- www.zeit.de/2005/08/Regensburg_ausradiert
- www.nmz.de/kiz/nachrichten/schlingensief-provoziert-regensburg
- www.schlingensief.com/issues.php?id=20050208&article=index
- www.telezeitung-online.de/Damals_in_Regensburg_ 06.03.2005_Kommentar_%27Action_for_2010%27-final.htm
- https://gato-m.jimdo.com
- www.deutschlandfunkkultur.de/taxi-driver-von-martin-scorsese-der-referenzfilm-fuer-den.932.de.html?dram:article_id=344881
- www.youtube.com/watch?v=ZghURtS6aZc (= ganzer Film Taxi Driver, engl.)
- www.sueddeutsche.de/sport/groesste-ueberraschungen-im-sport-gegen-alle-wahrscheinlichkeiten-1.1240413-6
- www.facebook.com/pages/category/Speakeasy/Banane-Regensburg-Official-1510087995932022/
- www.tarantinos-regensburg.de
- https://mixology.eu
- www.wunderbar.de
- www.regensburg-digital.de/die-ruckkehr-des-konigs-%E2%80%93-oder-das-bier-das-uns-zu-freunden-macht/10052010/
- www.regensburg.de/kultur/kulturdatenbank/eintrag/119005
- http://domplatz-5.de/dom/150-jahre-domtuerme
- www.youtube.com/watch?v=dJo1LjzVRJs

Besonders bedanke ich mich bei den Interviewpartnern, die mir im persönlichen Gespräch ihre Regensburg-Ansichten und Weltanschauungen anvertraut haben:

Albert Mandl, Taxifahrer in Regensburg

Gato-M, Streetartkünstler aus Spanien

Tom Bockes, Kultkneipen-Gastronom, gebürtiger Regensburger

Martin Stein, Wunderbar-Chef, Mixology-Redakteur

DER SCHREIBER

schwafi lebt seit über vier Jahrzehnten mit wenigen Unterbrechungen in Regensburg. Er setzt sich auf vielfältige Weise mit der Stadt auseinander. Gemeinsam mit dem Fotografen Hubert Lankes betreibt er das Scheinfremdenverkehrsamt „Touristifikation Regensburg". Mit hangover/Andreas Hanauer veröffentlicht er Comic-Strips zur Regensburger Stadt-Gesellschaft. Lankes, hangover und schwafi sind mit ihren satirischen Kunstwerken regelmäßig in Ausstellungen vertreten.

Romane: *Der Verein, der Metzger und der Tod, Der Kardinalfehler, Volksfest (Volxfest), Wenig Zeit und viel zu tun, Ochsenzungenkuss*

Kinderbücher: *Max und Moritz af Bairisch, Da Schtruwlbeda af Bairisch, Die Zwirke und das Irgendwas* (in 5 Sprachen), *Niemand besiegt Monoglotz*

Musik: *Bloich – Koa Kappl mehr, schwafi und die spackos – randsperg*

Kinofilm: *Der Verein, der Metzger und der Tod*

Web: *www.schwafi.com, www.touristifikation.de, www.die spackos.de*

Noch mehr von **schwafi**

Max und Moritz af Bairisch
1. Auflage 2019, 64 Seiten, Format 17 x 24 cm, durchgehend farbig, Hardcover
ISBN 978-3-95587-752-1 · Preis: 14,90 €

Da Schtruwlbeda af Bairisch
1. Auflage 2018, 44 Seiten, Format 17 x 24 cm, durchgehend farbig, Hardcover
ISBN 978-3-95587-709-5 · Preis: 14,90 €

BUCH

»Der Quentin Tarantino der Oberpfalz«
Süddeutsche Zeitung

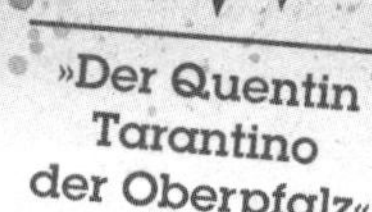

HÖRBUCH

DVD

Der Verein, der Metzger und der Tod
3. Auflage 2018, 98 Seiten,
Format 13,5 x 20,5 cm, Broschur
ISBN 978-3-95587-710-1 · Preis: 13,90 €

ISBN 978-3-95587-716-3
Preis: 13,90 €

Spielzeit: 110 min.
G-TIN 4018577000046
Preis: 13,90 €

Heimat
battenberg
gietl verlag

Postfach 166 · 93122 Regenstauf
Tel. 0 94 02 / 93 37-0 · Fax 0 94 02 / 93 37-24
info@battenberg-gietl-verlag.de · www.battenberg-gietl.de